Möwen
über Poullou C'Hou

Cornelia Grewe

Cornelia Grewe

Möwen über Poullou C'Hou

Geschichten und Rezepte, bretonisch gewürzt

Shaker Media

Bibliografische Information der Deutschen Nationalbibliothek
Die Deutsche Nationalbibliothek verzeichnet diese Publikation in der Deutschen Nationalbibliografie; detaillierte bibliografische Daten sind im Internet über http://dnb.d-nb.de abrufbar.

Copyright Shaker Media 2017
Alle Rechte, auch das des auszugsweisen Nachdruckes, der auszugsweisen oder vollständigen Wiedergabe, der Speicherung in Datenverarbeitungsanlagen und der Übersetzung, vorbehalten.

Printed in Germany.

ISBN 978-3-95631-595-4

Shaker Media GmbH • Postfach 101818 • 52018 Aachen
Telefon: 02407 / 95964 - 0 • Telefax: 02407 / 95964 - 9
Internet: www.shaker-media.de • E-Mail: info@shaker-media.de

Inhalt

Möwen über Poullou C'Hou 7
Am seidenen Faden 15
Das Geheimnis des alten Leuchtturms 29
Madeleine 45
An einem Tag wie jeder andere 49
Eine Fahrt mit Hindernissen - hausgemacht 53
Die Klippen von Leylec 59
Lebende Steine – Fratzensteine 67
Abendstimmung am Trez Goarem 71
Wolken über Poullou C'Hou 73
Gedankensprünge am Pors Heign Haas 79
Noch einmal nach Pellay 83
Möwen unter sich 89
In meinem Kopf 93
Das alte Haus am Meer 99
Erscheinung im Nebel 111
Sterne über Poullou C'Hou 123
Wind 131
Gefahr verkannt 135
Eine unwirkliche Begegnung 139
Herbstgedanken 151

Möwen über Poullou C'Hou

Schon seit Tagen kreisten sie über unser Dorf. Möwen. Niemand konnte sich erklären, was sie hier wollten, keiner wusste, was ihre Anwesenheit zu bedeuten hatte. Sie schienen uns zu beobachten, friedlich zwar, aber ständig präsent. Sie waren einfach da. Ich folgte ihren Flugbewegungen. Irgendetwas erschien mir seltsam. Ihre Kreise waren regelmäßig, immer wiederkehrend, ihre weißgrauen Schwingen mit den schwarzen, oft ausgefransten Rändern bewegten sich sanft und gleichmäßig, und ihr in regelmäßigen Abständen zu vernehmendes Geschrei klang unheimlich und durchdringend, irgendwie unheilvoll. Möwen sind einfältige Wesen, die nicht nachdenken, die nichts planen, die niemanden absichtlich beobachten. Das weiß jeder, und auch ich war mir darüber vollkommen im Klaren. Und trotzdem gab mir ihr stetiges Kreisen über unseren Häusern Rätsel auf. Waren diese Möwen Vorboten einer drohenden Gefahr, wie es die Leute hier glaubten? Unweigerlich erinnerte ich mich an Hitchcocks Film „Die Vögel". Die Bilder der brutal und zielsicher angreifenden Krähen beherrschten meine Gedanken. Gejagte und gehetzte Schulkinder, blutende Gesichter, ausgepickte Augen. Schreiende Menschen, die sich vor Vogelschwärmen ängstigen und wegrennen in panischer Hast. Doch so etwas gab es nur im Film, nicht in der Realität. Nicht hier bei uns in einem abgelegenen bretonischen Dorf, dessen war ich mir im Grunde sicher. Immer wieder, wenn ich zum Himmel schaute, redete ich mir ein, dass es nichts zu befürchten gab, nichts zu befürchten geben konnte wegen der paar Möwen, die sich anscheinend hierhin verflogen hatten. Das Meer ist nicht weit entfernt, gerade einmal drei Kilometer. Die Möwen halten sich normalerweise auf den Felsen an der Küste auf. In den Nischen dort bauen sie ihre Nester und ziehen ihre Jungen auf. Sie fliegen in Scharen den Fischerbooten hinterher, erpicht auf die frischen Innereien, die die Fischer beim Ausnehmen ihres Fanges ins Meer werfen. Dort sind die Möwen zu Hause, dort gehören sie zum Bild, dort passen sie naturgemäß hin. Hier, in Poullou C'Hou, verbreiteten sie jedoch Angst und eine seltsame Unsicherheit.

Täglich vergrößerte sich ihre Zahl. Die Dorfbewohner sprachen über nichts anderes mehr als über die Möwen. Eine düstere Stimmung machte sich breit. Die Fensterläden wurden früher als sonst geschlossen, auf den Straßen war nach Anbruch der Dunkelheit meist niemand mehr zu sehen. Sogar in der Sonntagsmesse wurde das Thema angeschnitten. Viele Menschen waren zur Beichte gegangen, vorsichtshalber, man weiß ja nie, was kommt, so sagten sie.

„Wenn die Biester morgen nicht von unserem Himmel verschwunden sind, hole ich mein Gewehr und knalle sie ab", verkündete Bruno gestern Abend in unserer Dorfkneipe. „Denen werde ich schon zeigen, was es heißt, uns hier alle mürbe zu machen."

„Bist du denn wahnsinnig? Wer weiß, was dieser seltsame Vogelflug zu bedeuten hat. Wenn du die Möwen abschießt, werden wir es vielleicht nie erfahren", ereiferte sich Marianne, meine Nachbarin. Seit die Möwen über uns kreisten, trafen sich fast alle Bewohner am Abend in der Bar. Niemand wollte alleine zu Hause sein, jeder wollte erfahren, ob es irgendwelche Neuigkeiten gab.

„Vielleicht sind die Möwen ja nur deinetwegen da", sagte Jean-Yves. „Sicher schickt sie der Himmel, damit du endlich aufhörst, in den Wäldern rum zu ballern."

„So einen Blödsinn habe ich ja schon lange nicht mehr gehört. Ich schieße nur ein bisschen Wild, mehr nicht. Sie können ja auch hier sein, weil du seit Jahren Steuern hinterziehst mit deiner Schwarzarbeit."

Es fehlte nicht viel, und die beiden wären sich an den Kragen gegangen. Der Wirt schenkte ihnen einen weiteren Rotwein ein, und sie beruhigten sich wieder. Jeder, so hatte ich das Gefühl, begann die Schuld bei einem der Dorfbewohner zu suchen. Dabei wussten wir ja noch nicht einmal, ob die Möwen überhaupt eine Bedeutung hatten oder gar eine Bedrohung vorhersagten. Aber hier in der Bretagne werden solche Zeichen schnell in mystischer Weise interpretiert. Plötzlich fühlte sich jeder schuldig oder suchte die Schuld bei seinem Nächsten.

Als Michel, der Wirt, um ein Uhr die Fensterläden schloss und den Gästen sagte, es sei Zeit zu gehen, Möwen hin und Möwen her, trank ich mein Bier aus, zahlte und machte mich auf den Heimweg. Die einzige Laterne im Dorf brannte noch und beleuchtete die kurze Strecke bis zu meinem Haus. Durch das knorrige Geäst der Bäume rechts und links der schmalen Straße drang schwaches Mondlicht, von trüben Wolkenfetzen fast schon verdeckt. Kein Käuzchen ruft, kein Specht klopft, noch nicht mal eine Fledermaus lässt sich blicken, dachte ich. Nur diese Möwen zogen penetrant ihre Kreise hoch über mir. Ab und zu durchschnitt ihr Kreischen die unheimliche Stille. Obwohl es eine laue Nacht war, begann ich zu frösteln und zog meine Strickjacke fester um meine Schultern. Veranstalteten die Möwen vielleicht meinetwegen dieses Theater? Alle unsere Dorfbewohner hatten an diesem Abend über einen von uns hergezogen, hatten sich gegenseitig böser Taten beschuldigt und die Anwesenheit der Möwen darauf zurück geführt. Nur mich hatten sie in Ruhe gelassen, wahrscheinlich, weil sie mich noch nicht gut genug kannten. Die alte Witwe Josephine zum Beispiel hatte den dicken Gerard mit düsterer Miene angeschaut und gesagt: „Diese Biester sind ganz bestimmt deinetwegen hier, weil du dein Land viel zu teuer verkauft hast. Es ist eine Sünde, so nette unbescholtene Leute dermaßen übers Ohr zu hauen."

„Nun mal langsam, Josephine. Das Pärchen wollte das Grundstück unbedingt kaufen, und den Preis haben die Zwei ja auch gleich akzeptiert", verteidigte sich Gérard.

„Trotzdem war er zu hoch. Außerdem hast du ihnen ja wohl unmissverständlich klar gemacht, dass mit dir nicht zu handeln ist, du Halsabschneider. Dein Ruf fällt auf unser ganzes Dorf zurück, und jetzt sind die Möwen da und bringen Unheil."

Sie wandte sich angewidert ab. Ihr mürrisches Gesicht ließ ihre Runzeln noch tiefer und dunkler wirken; wie ein altes Mütterchen aus dem Märchenbuch sah sie aus.

„Ich glaube eher, die Möwen sind da, weil hier so ein böses altes Weib lebt und zu viel dummes Zeug plappert", mischte sich der Bäcker ein. „Jeden Morgen muss ich mir deine zusammengereimten Geschichten über die Leute anhören. Du solltest besser mal erst vor deiner eigenen Tür kehren, ehe du dich über anderer Leute Dreck aufregst."

Josephine bedachte ihn mit einem verächtlichen Blick, schlürfte ihren Rotwein aus und verließ den Raum ohne ein weiteres Wort.

Frédo schüttelte nur den Kopf. „Was soll das nützen, wenn wir uns gegenseitig beschuldigen? Wir sollten lieber zusammenhalten und einen Plan entwickeln, für den Fall, dass tatsächlich etwas passieren sollte."

Der einzig Vernünftige hier, dachte ich gerade, als Roland lautstark dazwischen rief: „Du musst ja wohl mal ganz ruhig sein, Frédo. Könnte es nicht auch sein, dass die Möwen sich deinetwegen hier sammeln? Vielleicht haben die etwas dagegen, dass du dauernd deinen Schrott im Wald entsorgst."

„So ein Quatsch! Außerdem tut das hier ja wohl fast jeder."

„Aha, du gibst also zu, dass das dein alter Peugeot ist, der da so langsam aber sicher in unserem schönen Waldgebiet vor sich hin rostet? Das muss ich gleich morgen der Gendarmerie melden, und natürlich dem Bürgermeister", sagte Louis, der Polizist. Ein richtiger Dorfgendarm, wie er im Buche steht. Jeder Vorfall wird notiert und angezeigt, es sei denn, man spendiert ihm noch ein paar Gläschen Roten.

„Ich hoffe, die Möwen scheißen dir dein Haus zu und verschwinden dann von hier", schimpfte Frédo aufgebracht. „Mit deinem Übereifer machst du uns noch die ganze Dorfgemeinschaft kaputt."

Der Alkoholpegel war bei den meisten Gästen merklich angestiegen. Da hatte ich meine Mitbewohner heute einmal von einer anderen Seite kennen gelernt. Nach Frédos unfeiner Bemerkung war die Stimmung des Abends am Höhepunkt angelangt. Alle brüllten durcheinander, beschimpften Louis, beschimpften Frédo, ergriffen Partei für den einen oder für den anderen. Michel gab eine Runde, und schließlich hatten sich die Wogen wieder geglättet.

Alle diese Dinge schwirrten mir auf meinem Nachhauseweg noch einmal durch den Kopf. Was war dran an den Ängsten der alten Bretonen? Was hatte es auf sich mit den kreisenden Möwen? Tauchten sie wirklich dort auf, wo Unrecht geschehen war? Dann müssten sie ständig überall sein, dachte ich. Ich konnte mich nicht so einfach über den Gedanken hinweg setzen, obwohl es mir auf der anderen Seite lächerlich erschien, an solche alten Märchen und Sagen zu glauben. Unwillkürlich überprüfte ich auch mein Gewissen. Auch ich hatte natürlich in meinem Leben schon viel Unrecht getan. Waren die Möwen letztlich meinetwegen hier? Ich wohnte noch kein halbes Jahr in Poullou C'Hou, und schon hatten sie mich geortet?

Als ich neun Jahre alt war, habe ich zum ersten und zum letzten Mal gebeichtet. Drei Vaterunser und zwei Gegrüßet seist du, Maria musste ich damals beten. Die Buße schien mir angebracht, und anschließend war meine Seele rein. Alles, was ich danach angestellt habe, lastet bis heute auf ihr. Was aber muss ich bereuen, dass die Möwen aufhören zu kreisen? Ich nahm mir vor, in der kommenden Nacht so lange wie nötig mein Gewissen zu erforschen. Ich hatte das Gefühl, ich musste es tun, für mein Dorf, für die Menschen, die vor lauter Angst nicht mehr schlafen konnten. Einen Versuch war es wert. Also setzte ich mich, nachdem ich sorgfältig meine Fensterläden und die Tür verschlossen hatte, ins Wohnzimmer und begann nachzudenken. Was hatte ich alles falsch gemacht in meinem bisherigen Leben? Was musste ich bereuen? Wie wollte ich Buße tun? Fragen, die ich mir schon sehr lange nicht mehr gestellt hatte.

Ich schenkte mir ein Glas Rotwein ein, einen guten Médoc, und vergewisserte mich, dass ich noch genügend Vorrat im Schrank hatte, für alle Fälle. Wo sollte ich beginnen mit meiner Gewissenserforschung? Diesen Ausdruck hat unser alter Kaplan Sauerbier früher immer benutzt.

„Haltet jeden Abend Gewissenserforschung, Kinder", ermahnte er uns regelmäßig. „Damit ihr ruhig einschlafen könnt und keine Sünden mit in die Nacht nehmt."

Gar nicht so eine schlechte Idee, musste ich im Nachhinein schmunzelnd feststellen. Aber wer fragt sich schon allabendlich, was er alles verbrochen hat am vergangenen Tag? Niemand macht alles richtig, niemand kann sich frei sprechen von Schuld und Dummheiten. Das Leben wäre sonst ja auch verdammt langweilig. Hätte ich jedoch dem Rat des Kaplans Folge geleistet, so ging es mir nun durch den Kopf, bräuchte ich jetzt nicht mein ganzes Leben Revue passieren zu lassen, dann hätte ich Abend für Abend meine Seele bereinigt, und die Sache wäre vom Tisch.

Ich nahm einen kräftigen Schluck Wein. Er schmeckte hervorragend. Nicht zu trocken, sondern angenehm mild, ein guter Jahrgang. Irgendwie versuchte ich mich die ganze Zeit von meinem eigentlichen Vorhaben abzulenken. Ich musste endlich zur Sache kommen, um die verflixten Möwen zu beruhigen. Da saß ich erwachsene Frau tatsächlich nachts in meinem Sessel und glaubte an dieses Unheiltheater der bretonischen Ureinwohner. Andererseits schadete es ja auch niemandem, über sein Leben nachzudenken, über Fehler oder Sünden, wie man seine Ausrutscher auch immer nennen mag. Ich musste an meine Nachbarn denken, die sich in der Bar gegenseitig so herrlich beschimpft und beschuldigt hatten. Morgen würden sie wieder miteinander reden, als wäre nichts gewesen, und am Abend zu gewohnter Zeit in der Bar würden sie das Thema wieder aufnehmen und weiter diskutieren. Wenn die Möwen verschwinden, wird sich jeder Dorfbewohner seinen Teil denken, und die alte Josephine wird sicher noch das letzte Wort dazu sagen.

Ich goss mir ein zweites Glas ein, um nun wirklich zur Erforschung meines Gewissens überzugehen. Plötzlich pochte es an meiner Haustür. Im Nu saß ich kerzengerade und spürte den kalten Schrecken durch alle meine Glieder fahren.

„Bist du noch wach?", rief Marianne.

Erleichtert stand ich auf und öffnete ihr klopfenden Herzens die Tür.

„Ich habe noch Licht bei dir gesehen", sagte sie mit einem Lächeln auf ihrem Gesicht. „Schau mal, die Möwen sind weg. Sie sind einfach nicht mehr da."

Wir starrten eine Zeitlang gemeinsam in den schwarzen Nachthimmel. Dann umarmte sie mich, wünschte mir noch eine gute Nacht und verschwand wieder in die Dunkelheit.

Verdattert stand ich noch eine Weile so da und hing meinen Gedanken nach.

„Na so was aber auch, " murmelte ich kleinlaut, „ na so was aber auch."

Am seidenen Faden

Das Leben hat viele Seiten, ein einziger Tag viele Eindrücke. Leckeres Abendessen bei Henri, eine Frau nimmt sich das Leben, weil sie den Tod ihres Mannes, der bei einem Sturm auf See umgekommen ist, nicht verwinden kann. Die Sonne umspielt alles, alles strahlt in unsagbarem Licht, Möwen schreien, ein Urlauber ertrinkt, fällt von der Hafenplattform ins eiskalte Wasser. Er ist unfähig sich zu bewegen; der Schock, die eisigen Temperaturen lähmen ihn. Ich sitze auf einem Felsen nahe dem Abgrund. Schon am ersten Tag erfuhr ich genügend Neuigkeiten. Tosendes, liebliches, tötendes Meer. Brandung umspielt die aus dem Wasser herausragenden Gesteinsbrocken. Weiß, friedlich, gewaltig. Der Wind frischt auf, ich muss mich festhalten, steige vorsichtig von meinem Aussichtspunkt herunter. Meine Füße suchen Halt, dürfen nicht abrutschen. Ein Fehltritt ist genug. Die Natur verzeiht ihn dir nicht, nicht hier. Auch mir nicht, dessen bin ich mir bewusst; ich bin keine Ausnahme, muss auf mich aufpassen. Von einem sicheren, windgeschützten Platz aus betrachte ich die Landschaft. Es ist wohl der schönste Fleck auf dieser Erde, rundherum Meer, zerklüftete Felsen, kleine, versteckte Strände, unberührt, kein Fußabdruck stört. Möwenspuren, leichtfüßig. Ich höre, wie sie lacht. Lacht mich aus, den Menschen, der hierher kommt, um Ruhe und Frieden zu finden. Lacht diejenigen aus, die sich überschätzen, die hinab stürzen von den Felsen, auf harte, spitze Gesteinsbrocken aufprallen, mit gebrochenen Knochen vom Meer mitgenommen werden, untergehen, sterben. Die Möwe lässt sich vom Wind tragen. Sie gleitet zu ihrem Brutplatz in einer geschützten Nische. Bald schon werden ihre Jungen schlüpfen. Werden Wind und Sonne kennen lernen, damit leben wie selbstverständlich. Sie werden lernen, sich vor Stürmen zu schützen, das Meer als Nahrungsquelle zu nutzen, Artgenossen und andere Tiere zu akzeptieren.

Vollkommener Frieden erfüllt meine Seele. Demut, Dankbarkeit. Sturm zieht auf. Ich bleibe noch eine Weile, will meinen ersten Urlaubstag wohlig ausklingen lassen. Der Himmel verfinstert sich. Wenn jetzt ein Boot an den Klippen zerschellt – seltsame Gedanken jagen mir durch den Kopf. Leben und Tod sind hier nahe beieinander. Schon deckt das schwarze Wasser das gesunkene Boot zu wie ein großes Leichentuch. Oh Gott. Ich bleibe fassungslos stehen mit meinen seltsamen Gedankensprüngen, eine lange Zeit. Dann zeigt sich wieder die Sonne, lugt hinter den Wolkenfetzen hervor. Der Sturm legt sich nicht so schnell. Es wird Zeit für mich zu gehen.

Die Blüten des Kirschlorbeers ragen hoch hinauf, erinnern mich an Kerzen am Altar, ihr Ziel ist der Himmel. Ich bin schon früh losgezogen heute Morgen, wie immer. Ich muss die Zeit ausnutzen. Sand unter meinen nackten Füßen spüren, durchs seichte Wasser am Strand waten. Der Brandung horchen und den unbeschreiblich weiten Blick übers Meer genießen. Jetzt am späten Nachmittag, zum Abschluss des Tages, will ich den schmalen Pfad von Porz tarz nach St.Tugen gehen. Ich mag diesen holperigen Weg mit ständigem Blick aufs Meer. Durch hohe Ginsterbüsche, vorbei an zerfallenen Mauern, begleitet von Wind und verschiedenen Seevögeln. Oft sieht man

Kormorane nach Fischen tauchen. Schwupp, sind sie unter Wasser. Ich muss lächeln. Hier ist es schön. Ich bin glücklich. Ich spüre einen Stich in meinem kleinen Finger. Ein Insekt hat mich gestochen. Verdammt, irgend so ein unbekanntes bretonisches Flugobjekt. Ich fühle einen durchdringenden Schmerz, bekomme Schüttelfrost. Mir wird schwarz vor den Augen, ich kann mein Gleichgewicht nicht mehr halten, falle. Ich rolle den Abhang hinunter. Die spitzen Stacheln des Stechginsters bohren sich durch meine Haut. Dann stürze ich steil durch die Luft, knapp vorbei am harten Granit, und lande unsanft auf einem Felsvorsprung. Ich kann nichts denken, fühle nur Schmerz. Unter mir rauscht die Brandung, unerbittlich, über mir nur schroffe, steile Felswände. Panische Angst paart sich mit der beruhigenden Gewissheit, überlebt zu haben. Erst einmal zumindest. Mir wird wieder schwindelig, wenn ich unter mir das brodelnde Schaumspektakel betrachte. Falle ich dort hinunter in die Tiefe, bin ich verloren. Hoffnungslos. Ich klammere mich am Felsen fest und versuche, den Schmerz zu ignorieren. Mit Sicherheit habe ich mir einige Knochen gebrochen. Ich wage nicht mich zu bewegen, habe also kaum die Möglichkeit es zu überprüfen. Wie komme ich nur aus dieser verdammten Situation wieder heraus? Ich muss irgendwie versuchen, mich bemerkbar zu machen, aber wie? Schreien ist sinnlos, die tosende Brandung übertönt alles, niemand würde mich hören. Einem Boot winken? Keiner würde es zur Kenntnis nehmen. Verflucht! So fühlt sich Todesangst also an. Ja, Todesangst. Wie lange wird meine Kraft reichen, mich hier fest zu halten? Ich habe Angst vor dem Sturz. Erst würden meine restlichen Knochen beim Aufprall auf die Felsen brechen, dann würde ich ertrinken. Utopisch anzunehmen, ich könnte mich über Wasser halten.

Nein, ich würde jämmerlich ertrinken, absaufen, sterben. Hatte die Möwe nicht gestern noch gelacht über Leute wie mich? Leichtsinnige Menschen, die die Gefahren unterschätzen, die sich zu nah an den Abhang wagen?

Niemand kennt die Stunde seines Todes. Früher habe ich oft und intensiv über das Sterben nachgedacht und mir einen schmerzfreien, natürlichen Tod in hohem Alter gewünscht. Schön im Sessel einschlafen, so wie meine Großmutter es tatsächlich geschafft hat. Oder einfach morgens nicht mehr aufwachen. Ja, schön gemütlich sterben, das Leben auf ganz unspektakuläre Weise beenden, das wäre es gewesen. Immer hatte ich Angst davor, einmal schwer krank zu werden und lange leiden zu müssen. Auf andere Menschen angewiesen sein? Nein, ohne mich. Vielleicht sogar zum Pflegefall werden? Nie im Leben. Auf eine solche Perspektive wollte ich mich auf gar keinen Fall einlassen. Immerhin habe ich mir schon das Rauchen abgewöhnt, trinke nur noch in Maßen mein Bierchen und den kleinen Calvados lediglich nach dem Essen. Ich achte auf meine Ernährung und sündige nur ab und zu noch, wenn es sich nun gar nicht vermeiden lässt. So stehe ich allen Krankheiten und möglichen Leidenswegen gut gewappnet gegenüber.

Jetzt aber, in diesem Moment auf dem Felsvorsprung, würde ich es gerne in Kauf nehmen, krank zu werden. Nur leben will ich noch. Weiterleben. Verzweiflung macht sich wieder breit. Nicht aufgeben, nur jetzt nicht aufgeben. Halt deine Sinne beisammen! Was würde Paul jetzt tun? Er reagiert in jeder Situation immer richtig. Er durchdenkt alles logisch, ruhig, wägt ab, handelt. Ich erinnere mich beispielsweise an eine unserer Bootsfahrten. Wir wollten unser Pen Sardin unbedingt an diesem Tag aus dem Wasser holen, da unser

Urlaub zwei Tage später vorbei war und wir nach Hause fahren mussten. Also musste das Boot raus. Das Wetter war an diesem Tag, es war ein Donnerstag, nicht auf unserer Seite. Südwind und kabbelige Wellen. Als wir zehn Minuten von unserem kleinen Hafen entfernt waren, ging die Tortur richtig los. Hohe Wellen türmten sich auf, Wasser schlug ins Boot. Ich hatte eine Heidenangst, dachte, wir würden das nicht lange durchhalten und müssten ertrinken. Paul blieb ruhig. Er gab mir klare Anweisungen. Sitzen bleiben, festhalten, nicht bewegen, egal was passiert. Wir hatten noch nicht einmal Schwimmwesten angelegt. Paul saß am Ruder und behielt den Überblick. Wir mussten kreuzen, um gegen den Wind und die damit verbundenen Wellen anzukommen, immer wieder kreuzen, um nicht auf die nahen Felsen aufzuprallen. Meine Hände krallten sich an der Bordwand fest. Ich sah uns schon jämmerlich untergehen. Das Boot erklomm eine Welle nach der anderen, stürzte mit enormem Tempo wieder hinunter. Wasser schlug über uns zusammen und sammelte sich unten im Rumpf. Ich war kaum fähig, einen klaren Gedanken zu fassen, hatte nur blanke Angst. Doch ich vertraute auf Paul, der uns schließlich nach fast zwei Stunden Fahrt sicher in den Hafen brachte.

Aber was würde er jetzt tun? Wie würde er jetzt reagieren? Jetzt, in dieser verflixten Situation. Wenn man sich aus einer scheinbar ausweglosen Lage nicht selbst befreien kann, muss man die Hilfe anderer Menschen suchen, hatte er mir einmal gesagt. Toll, auf diese Weisheit bin ich mittlerweile auch schon von alleine gekommen. Normalerweise treten in meinem alltäglichen Leben, wenn es darum geht, schnell, unkompliziert und logisch zu handeln, regelmäßig Blackouts auf. Brett vorm Kopf. Klar, typisch. Wie kann man denn so blöd sein? Im Nachhinein sehe ich mein Fehlverhalten immer schnell ein. Aber eben immer erst hinterher, wenn es zu spät ist. Ist eine Reaktion sofort notwendig, bin ich oft nicht imstande, das Richtige zu tun, die richtige Entscheidung zu treffen.

Was würde es mir jetzt nutzen, richtig zu entscheiden. Dabei gibt es gar nicht viele Möglichkeiten, etwas zu tun oder zu lassen. Also kann ich auch nicht allzu viele Fehlentscheidungen treffen. Das Wichtigste ist, mich so lange wie möglich fest zu halten. Nicht loslassen. Nicht einschlafen. Auf Hilfe warten. Hoffen. Beten. Ob beten hilft? Würde Gott oder eine verstorbene Seele mir zur Seite stehen, etwas zu meiner Rettung beitragen? Soll ich vielleicht ein Gebet sprechen, oder sollte ich lieber, wie ich es schon so oft getan habe, versuchen, mit Gott ins Geschäft zu kommen? Habe ich überhaupt noch eine Wahl? Alles würde ich versprechen, um aus meiner misslichen Lage befreit zu werden, um hier nicht elendig verrecken zu müssen. Sicher, irgendwann würde man mich vermissen und die Polizei verständigen. Irgendwann. Aber da werden meine Überbleibsel höchstwahrscheinlich längst von hungrigen Fischen oder Krebsen angefressen irgendwo im Atlantik herum schweben. Eine wahrhaft tolle Vorstellung. Ich könnte versprechen, mein Leben zu ändern, zu anderen Menschen nur noch freundlich zu sein. Mein Geld an Bedürftige zu spenden. Ich könnte versprechen, wieder regelmäßig in die Kirche zu gehen, meine Sünden zu beichten, mich ausnahmslos an alle zehn Gebote zu halten. Ich könnte sogar versprechen, als Nonne einem Kloster beizutreten. Alles, alles könnte ich versprechen, wenn mir nur jetzt jemand zu Hilfe käme. Meine Kräfte werden spürbar schwächer. Der Schmerz bleibt hingegen fast unerträglich.

Mir ist kalt. Die Sonne, die ich so vergöttere, von der ich nie genug bekommen kann, wird bald schon untergehen. Auch sie will mich also verlassen. Verlassen, ja, so fühle ich mich, verlassen von allen. Ich werde die Nacht nicht durchhalten, wenn ich nicht vorher gerettet werde, das ist mir schrecklich klar. Was bleibt mir also übrig, als mich auf meinen Tod vorzubereiten? Was wird mich erwarten? Ist es tatsächlich so, wie ich es schon oft in Büchern gelesen habe, dass am Ende eines dunklen Tunnels ein strahlendes Licht auf mich wartet? Ich habe mich schon oft gefragt, ob das nur die Phantasien einiger emsiger Schriftsteller waren oder ob sich das Sterben tatsächlich so abspielt. Wer konnte eine solche Frage überhaupt beantworten? Die Lebenden leben ja noch, und die Toten können uns nun mal nichts erzählen. Kranke Hirne, diese Schreiberlinge. Aber besser krank im Hirn als tot. Verdammt noch mal, ich will nicht sterben. Nun ja, ich wüsste dann, ob an der Sache mit dem Licht etwas dran ist, aber was hätte ich davon? Ich wäre im Jenseits und könnte niemandem davon berichten. Aber vielleicht würde ich ja als Seele doch in einer wie auch immer gearteten Weise Kontakt zu den Lebenden aufnehmen. Auch darüber habe ich früher schon oft nachgedacht. Solange die Menschen ihre toten Verwandten oder Freunde in Erinnerung behalten, so dachte ich immer, würden die Seelen weiterleben, ihnen helfen, sie führen. Wenn das wirklich so ist, und das werde ich wahrscheinlich in nicht allzu ferner Zukunft herausbekommen, dann ist ein Seelenleben nach dem Tod vielleicht gar nicht mal so uninteressant. Ohne Schmerzen, ohne Hunger und Durst, ohne Angst – einfach nur als Seele existieren. Dieser Gedanke erscheint mir in meiner jetzigen Lage recht spannend. Aber dann müsste auch jemand mit einer gewissen

Regelmäßigkeit an mich denken. Nun, so schnell gerät man sicher nicht in Vergessenheit. Oder vielleicht doch? Wie würden meine Lieben wohl an mich zurück denken? Gerade im Moment werden sie sich vielleicht schon Sorgen mache, warum ich nicht nach Hause komme und wo ich wohl so lange bleibe. Hoffentlich. Hoffentlich!

Es ist schon dunkel und kühl. Ich zittere am ganzen Körper, und nur meine intensiven Gedanken halten mich am Leben. Ich bin noch nicht bereit aufzugeben.

Gestern noch habe ich die Mühle von Keriolet besucht. Ein idyllischer Ort, eine friedliche, liebliche Oase inmitten der schroffen, von wildem Wasser umgebenen Felsenlandschaft. Ein Bach plätschert unermüdlich zwischen Unmengen von Hinkelsteinen hindurch, Farne aller Art sprießen dort zwischen den Steinen hervor. Das Mühlrad dreht sich und dreht sich und dreht sich. Ich beobachtete die winzigen Wassertropfen, sah, wie sie im Sonnenlicht tanzten und hüpften. Sie sorgen dafür, dass die Steine grün und glitschig werden. Ringsherum Bäume, in denen Vögel zwitschernd ihre Nester bauen, knorrige, sehr alte Bäume. Maronen, Platanen, Buchen, ein wildes Durcheinander. Keine Menschenseele außer mir war gestern dort. Ich spürte Frieden, Entspannung, Einsamkeit, Glückseligkeit. Welch ein schroffer Gegensatz zu meiner jetzigen Einsamkeit. Noch viele Male wollte ich nach Keriolet, das hatte ich fest eingeplant. Aber was bedeuten schon Pläne? Jetzt liege ich halb tot auf diesem kalten, harten Felsvorsprung. Eine Lachmöwe provoziert mich. Verschwinde, das ist nicht lustig. Oder hol Hilfe, wenn du kannst. Aber das kannst du natürlich nicht. Primitives Tier, ich beneide dich, du kannst fliegen.

Ich denke an meine Kinder. Es tut weh, sich vorstellen zu müssen, wie sie um mich trauern. Warum muss ich ihnen das antun? Wer hat denn immer gepredigt, geht nicht so nah an die Abhänge! Bleibt immer ein Stück vom Abgrund weg, der Erdüberhang könnte abbrechen. Guckt beim Wandern regelmäßig auf die Wege, man stolpert hier allzu schnell. Wenn ihr die Aussicht genießen wollt, bleibt stehen. Das war ja wohl ich. Keinem unserer vier Kinder ist hier jemals etwas passiert, ich kann froh und stolz sein. Jedes Jahr sind wir hierhergekommen, haben es den Kindern eingetrichtert aufzupassen, immer wieder aufs Neue, bis sie alt genug waren, auf sich selber zu achten. Das Schwimmen und Surfen am Baie des Trépasses ist gefährlich; dort sind unberechenbare Strömungen, die einen aus der Bucht hinausziehen können. Oft hatte ich Unruhe, wenn die Kinder zu lange im Wasser waren. Immer wieder lief ich nach vorne und hielt Ausschau. Doch sie hatten ihren Spaß, schwammen, tauchten und tobten glücklich und ausgelassen und passten auf. Einmal konnte ich Hanna, unsere Jüngste, nicht mehr sehen. Normalerweise erkannte ich sie an ihrem Badeanzug, an ihrem Surfbrett und an ihrer Art sich zu bewegen. Doch gegen die untergehende Sonne hatte ich keine Chance sie auszumachen. Marie lief noch einmal zur Decke zurück; vielleicht ist sie ja schon da, sagte sie hoffnungsvoll. Aber keine Spur von Hanna. Panik machte sich breit. Wie soll ich weiterleben, wenn Hanna ertrunken ist? Wie soll ich das Paul erklären? Meine Gedanken überschlugen sich. Mein Herz raste. Marie weinte. Es durfte nicht sein. Es durfte einfach nicht sein. Dann kam Hanna glücklich und müde aus dem Wasser. Sie hatte die Zeit vergessen, war völlig aufgegangen im Surfen, war in ihrem Element.

Ich habe Angst. Ich habe Schmerzen. Mir ist kalt. Ich liebe das Meer, aber es vereint so viele Gegensätze. Im Moment zeigt es sich mir von einer grauenvollen Seite. Es ist bösartig, bedrohlich, gemein. Rund um mich herum tosen die Wellen, klatschen an den Felsenrand, Gischt spritzt in Synkopen zu mir hoch. Mein Körper ist klamm und steif. Der stetige Wind sorgt dafür, dass ich immer bewegungsunfähiger werde. Wie oft durfte ich das Meer gold- und silberglitzernd erleben, still und friedlich, im gleißenden Licht der Sonne. Ich ließ mir vom Wind die Haut streicheln, ließ mich verwöhnen von Wärme und Meeresduft, sah träumend den Möwen nach, die in die Unendlichkeit flogen. Ich beobachtete die fortschreitende Flut. Jede siebte Welle, so hatte ich heraus gefunden, vereinnahmt mehr Land. Das Wasser fragt nicht, es kommt. Wie oft habe ich mich über leichtsinnige Leute lustig gemacht, die nicht mit dem schnellen Herannahen der Flut rechneten und ihre Liegedecken haben nass werden lassen? Wie oft habe ich gelacht, als die Flut sich Schuhe holte, die auf dem Sand herum standen? Jetzt, in diesem Augenblick ist mir nicht zum Lachen zumute. Jetzt wünsche ich mich fort von hier, irgendwie, Hauptsache fort. Ins Warme, Geschützte, in einen sicheren, trockenen Raum mit Wänden.

Ein seltsames Gefühl umgarnt mich. Verloren, alleine, ohne Hoffnung auf Hilfe. Allerdings sollte man die Hoffnung nie aufgeben, das haben mir meine Eltern bereits in meiner frühesten Kindheit eingebläut. Sie waren beide sehr streng katholisch, und in genau diesem Sinne wurden wir Kinder natürlich auch erzogen. Das gestaltete sich für uns nicht immer einfach, denn wir hatten oft andere, eigene Vorstellungen. Doch eines habe ich wahrhaftig in meinem Leben seit jeher beherzigt: Die Hoffnung stirbt zuletzt. Nicht aufgeben. Hoffen, beten, zuversichtlich sein. Gottvertrauen haben. Wie oft hat meine Mutter Erlebnisse aus den Jahren des zweiten Weltkriegs erzählt. Bombenalarm, raus aus den Betten, runter in den Luftschutzkeller. Ohne Hoffnung wären die Menschen damals mürbe geworden. Kam meine Mutter am Abend von der Arbeit nach Hause, wusste sie nie, ob ihr Elternhaus noch stand, ob alles noch genau so war wie am Morgen, oder ob die Bomben diesmal getroffen hatten, ihr Zuhause in Schutt und Asche lag. Doch die Hoffnung ging voran. Die Hoffnung, alles würde gut werden. Wie groß muss die tägliche, immer wiederkehrende Todesangst damals gewesen sein im Gegensatz zu meiner jetzigen Situation? Ich sitze ein einziges Mal in einer Klemme und zittere mir den Hintern ab vor lauter Angst. Wie muss es meinem Vater und all den anderen Männern im Schützengraben zumute gewesen sein? Ich komme mir im Vergleich dazu ziemlich erbärmlich vor. Die Kriegsjahre haben meine Eltern sehr geprägt. Immer wieder kramten sie Geschichten hervor. Im Laufe der Zeit verblassten die schlimmen Ereignisse und die Anekdoten wurden heller und freundlicher. Die Zeiten des Wiederaufbaus in den Nachkriegsjahren wurden des Öfteren zum Besten gegeben, die Erinnerungen an die ersten Lieben schmunzelnd erzählt und natürlich die Geschichte, auf welch kuriose Art und Weise sich meine Eltern kennengelernt hatten. Dies geschah mit verlässlicher Sicherheit zum Beispiel stets bei unseren traditionellen Muschelessen. Dazu trabte regelmäßig die gesamte Familie an. Rheinisches Muschelessen bei Josef und Helli. Dafür wurden gerne sämtliche anderen Termine abgesagt. Dieses Essen glich einem Familienfest. Mein Vater spielte dabei die Rolle des Muschelkochs. Es war das einzige Gericht, das er zubereiten konnte, und meine

Mutter genoss es sichtlich, sich endlich einmal nicht um das Essen für die ganze Bagage kümmern zu müssen. Schon früh am Mittag begann mein Vater, die Muscheln zu waschen und zu putzen. Er kratzte jeden Bart heraus, wirklich jeden. Das nahm etliche Zeit in Anspruch, denn es galt, wirkliche Muschelberge zu säubern. In der Zwischenzeit mussten wir Kinder Schwarzbrote mit Butter bestreichen und auf eine Platte schichten. Ich kann mir den Geschmack dieser herrlichen rheinischen Spezialität noch deutlich in Erinnerung rufen. Wunderbar, die Kombination mit Schwarzbrot. Dazu tranken die Erwachsenen Altbier, die Kinder Malzbier. Und dann erzählten meine Eltern ihre Anekdötchen. Wie habe ich diese Abende geliebt! Ob ich wohl noch einmal in den Genuss eines solchen Gaumenschmauses kommen werde? Im Augenblick stehen die Chancen denkbar schlecht. Seltsam, ich hänge hier in Todesangst auf einem Felsvorsprung und mir fällt nichts Besseres ein als mal wieder ans Essen zu denken.

Der Himmel zieht sich zu. Verdammt, ist das kalt. Sieht mich niemand? Spürt niemand meine Verzweiflung? Vermisst mich denn keiner?

Plötzlich höre ich die Rotoren eines Hubschraubers. Meine Gedanken überschlagen sich. Scheinwerfer nähern sich mit stetiger Langsamkeit, leuchten die Gegend ab, beleuchten die Wege und das Meer, beleuchten meinen Felsen und mich. Ich kann es noch kaum fassen, aber es kommt mir jemand zu Hilfe. Der Pilot hat mich geortet, wird jemanden herunter lassen, der mich irgendwie in den Hubschrauber verfrachten wird. Meine Familie hat mich also tatsächlich vermisst, hat wirklich die Gendarmerie alarmiert. Das war der längste Tag meines Lebens, der schlimmste, der verrückteste. Mein Leben hing an einem seidenen Faden. Ich bin gerettet. Ein erlösendes

Licht, was ich da sehe. Kein langsamer, unbarmherziger, kalter Tod. Kein Seelenleben, aber auch kein Kloster, kein Licht am Ende des Tunnels. Echtes Licht, das Rettung bedeutet.

Muschelrezept Rheinische Art

Pro Person rechnet man ca. 700g Miesmuscheln. In einem großen Topf werden klein geschnittene Zwiebeln und Lauch in Butter angedünstet, anschließend mit Wasser angegossen, gesalzen und scharf gepfeffert. Dann gibt man die Muscheln in die Brühe und kocht sie so lange bei geschlossenem Deckel, bis die oberste Schicht sich geöffnet hat. Dazu reicht man Schwarzbrot mit Butter und Altbier.

Muschelrezept bretonische Art

Für zwei Kilogramm Miesmuscheln lässt man 40g Butter in einem großen Topf schmelzen, gibt drei Schalotten, drei Knoblauchzehen, eine Stange Lauch und ein paar Stängel Petersilie dazu und dünstet alles an. Die Muscheln dazugeben und mit einem Viertelliter Muscadet angießen. Zugedeckt kochen, bis alle oberen Muscheln geöffnet sind. Dazu schmeckt frisches Baguette mit Salzbutter.

Das Geheimnis des alten Leuchtturms

Das stete Plätschern des kleinen Baches übte wie immer eine angenehm beruhigende Wirkung auf mich aus. Ich lehnte mich in meinem bequemen Gartenstuhl zurück und ließ meine Seele schweben. Herrlich war es, in diesem wilden Garten zu sitzen, umgeben von dichten Hecken, blühenden Büschen und üppigen Bäumen. Grillen zirpten um die Wette, und ein Zaunkönig huschte durchs Geäst. Es war friedlich ringsherum. Die Äste des Feigenbaumes wiegten sich sanft gegen den strahlend blauen Himmel wie riesige Fächer, die mir kühle Luft zu wedelten. Die Früchte noch unreif, erschien er mir fast wie ein massiges, Schutz bietendes Zelt. Seine zahlreichen Zweige berührten beinahe den Boden, und es kam mir der Gedanke, ihn ordentlich beschneiden zu müssen und in Form zu bringen. Eine Menge Feigen würde ich ernten können im kommenden Herbst. So viele Früchte hatte er schon lange nicht mehr getragen. Der Bach rauschte unermüdlich, friedlich. Windstille, Sonnenschein, klarer Himmel. Keine Wolke zeigte sich. Eine tief blaue Libelle verließ ihren Platz im Schilf und flog zum Apfelbaum. Ein Schmetterling folgte ihr, landete dann aber auf einer rosa Hortensiendolde.

Ich dachte daran, einen Großteil der Feigen einzulegen. Im Winter gäbe es dann wie in den vergangenen Jahren köstlichen Feigenlikör. Ich schneide die Früchte auf, zerkleinere sie ein wenig und fülle sie in weithalsige Flaschen. Darauf gebe ich ein paar Löffel braunen Kandiszucker und gieße die Flasche bis oben hin mit gutem Wodka auf. Fest verschlossen und an einem kühlen, dunklen Ort aufbewahrt muss der Likör dann sechs Wochen ruhig stehen. Aber das Warten lohnt sich wirklich jedes Jahr. Auch meine Nachbarin wusste das. Sie kam regelmäßig zu Besuch. Wenn es draußen stürmte und das Meer tobte, saßen wir gemütlich am Kamin, in dem das Feuer loderte, und tranken unsere Likörchen. Vieles hatte Marie-Jeanne zu erzählen, und in mir hatte sie eine geduldige Zuhörerin gefunden. Marie-Jeanne lebte schon seit längerer Zeit alleine und freute sich über unsere Nachbarschaft.

An einem Abend kam Marie-Jeanne sehr aufgeregt zu mir herüber gelaufen und klopfte ungeduldig gegen die kleine Scheibe in der Haustür.

Ich ließ meinen Brotteig, den ich gerade angesetzt hatte, liegen, wusch mir flüchtig die Hände und öffnete die Tür. Marie-Jeanne stand dort und starrte mich mit wirren Augen an, schob mich beiseite und schloss die schwere Holztür hinter sich. Die Arme auf dem Rücken verschränkt, blieb sie eine Weile angelehnt stehen, um, wie es schien, das Eindringen eines Verfolgers verhindern zu wollen. Sie atmete schwer und hatte Mühe sich zu beruhigen.

„Komm und setz dich erst mal hin, du bist ja ganz aufgeregt", sagte ich und führte sie zum Sessel am Kamin. Marie-Jeanne schaute mich seltsam an. Normalerweise war sie herzlich und immer zu Scherzen aufgelegt, und ihre dunkelbraunen Augen strahlten und erzählten ohne Worte. An diesem Tag aber war es anders. Etwas musste sie aus der Bahn geworfen haben, und das schien sie mir sagen zu wollen.

„Ich habe sein Tagebuch gefunden", begann sie schließlich und holte ein kleines schwarz-rot eingebundenes Büchlein aus ihrer Schürzentasche. „Ganz zufällig beim Umräumen habe ich es entdeckt."

Bedeutungsvoll hielt sie das Tagebuch in ihren Händen und betrachtete es.

„Du ahnst ja nicht, worum es geht", flüsterte sie. Sie schaute sich misstrauisch um, ob uns auch niemand belauschte. Doch unsere beiden Häuser waren die einzigen, die ständig bewohnt waren, und noch nie hatte ein Fremder sich spät abends in unser abgelegenes Dorf verirrt.

„Es hört uns niemand zu", beruhigte ich sie, „und was du mir auch erzählst, es bleibt unter uns."

Vorsichtig schlug sie die erste Seite auf. Sie sah mir fest in die Augen und sagte: „Flaubert hat über Tévennec geschrieben, den alten Leuchtturm", und dann begann sie vorzulesen.

„Tévennec. Schon immer hast du eine unwiderstehliche Anziehungskraft auf mich ausgeübt. Einen Sog, dem ich mich nicht entziehen kann. Irgendetwas ruft nach mir. Etwas, oder jemand, zieht mich magisch an. Du ragst heraus aus dem Meer, Tévennec, unerbittlich, stark, fest. Nichts kann dich erschüttern, nichts rührt dich. Dir kann nichts etwas anhaben. Kein Sturm, keine raue See, keine Wellenberge, nichts. Ist es das, was mich so an dir fasziniert? Ist es deine Stärke, deine Gelassenheit, deine Macht? Wenn ich es doch wüsste! Schon als kleiner Junge hast du mich gerufen, doch niemals hatte ich die Möglichkeit zu kommen, deinem Ruf zu folgen. Tévennec ist nicht geheuer, ist kein guter Ort, sagten damals die Alten. Auf Tévennec wird jeder verrückt, der es länger als sieben Tage dort aushält. Sieben Tage. Wie sehr sehnte ich mich schon als Kind danach, sieben Tage deinem Felsen zu trotzen, in deinem Gemäuer zu bestehen. Ich würde es schaffen, dessen war ich mir sicher. Ich ganz alleine. Sollten die einheimischen alten

Fischer doch erzählen was sie wollten. Dieser Aberglaube, dieses dumme Gerede von unheimlichen Schatten, die sie für die verstorbenen Seelen der Schiffbrüchigen hielten. Sie werden jeden töten, der sich auf Tévennec wagt und ihre Ruhe stört, erzählten sie. Die Leuchtturmwärter haben es wirklich nie lange dort ausgehalten; wahrscheinlich, weil man ihnen Angst gemacht hat. Alle vier, fünf Tage sendeten sie Notsignale und mussten abgeholt und gegen einen anderen armen Teufel ausgetauscht werden, so hieß es. Ich kann mich gut erinnern. Auch ich wollte damals Leuchtturmwärter werden, um die Chance zu bekommen, auf Tévennec eingesetzt zu werden. Aber daraus wurde nichts. Geplatzt ist mein Traum wie eine bunte Seifenblase. Meine Mutter bekreuzigte sich, als ich meinen Wunsch äußerte, mein Vater beendete das Gespräch mit einem kurzen, unmissverständlichen Nein. Vor mir selber wollten sie mich schützen, sagten sie, es klingt mir noch im Ohr, und natürlich vor den mordenden Geistern, die auf Tévennec ihr Unwesen treiben. Niemals habe ich wirklich daran geglaubt."

Marie-Jeanne schaute mich einen Moment lang an. Sie schüttelte langsam den Kopf und holte tief Luft. Ich wollte etwas sagen, doch sie wehrte ab und las weiter:

„Tévennec, ich erkenne dich im Nebel, du bist weit weg und doch ganz nah, umhüllt von Dunst und Sonne, umgeben von Wasser und Wind. Manchmal kann ich dich nur erahnen, doch ich weiß, dass du da bist und immer da sein wirst. Du bist für die Ewigkeit gebaut. Du ziehst mich an wie ein starker Magnet, immer noch. Was ist dein Geheimnis? Wirst du es eines Tages Preis geben? Mir Preis geben? Wenn ich tot bin, soll mein lebloser Körper auf dir verbrannt werden und meine Asche in alle Winde fliegen. Dann werde ich deine Magie in

meine Seele aufnehmen. Doch jetzt, solange ich lebe, gibst du mir Rätsel auf. Hätte ich Flügel, ich würde zu dir fliegen wie die Möwe hier vor meinen Augen. Wäre ich eine Welle, ich käme zu dir ohne Schwierigkeiten, jetzt gleich. Jetzt bist du fast verschwunden, beinahe unsichtbar, hüllst dich in dichte weiße Nebelschwaden. Noch weiter entfernst du dich von mir? Der Wind singt. Ist es dein Lied? Das Lied von Tévennec? Plötzlich klart der Himmel auf. Die Wolken fetzen auseinander, über dir steht die Sonne und strahlt dich majestätisch an. Ein kurzes Zwischenspiel. Es ist, als schwebtest du in den Himmel. Ist dort dein wahrer Platz? Sind tatsächlich alle Seelen der Verstorbenen bei dir versammelt? Und wieder sehe ich dich nicht mehr. Das menschliche Auge ist schwach, zu schwach für den undurchdringlichen Nebel. Du verweigerst dich mir, ziehst dich zurück, lässt dich einhüllen, und mich lässt du stehen, alleine, mit allen meinen Fragen, Ängsten, Sorgen und Gefühlen. Ich habe Gefühle für dich, Tévennec. Sehnsucht erfüllt mein Herz, übergroße Sehnsucht. Du bist immer da und doch so unerreichbar weit entfernt. Spiel kein Spiel mit mir! Ich wünsche mich in eine andere Dimension. Ich fordere dich heraus, Tévennec. Ich fühle mich einsam, mein Leben ist sinnlos. Ich sehe dich jetzt wieder klar und deutlich. Rufst du mich? Winkst du mir zu? Du weißt um deine Einzigartigkeit, kennst deine Machtposition. Eines Tages lüfte ich dein Geheimnis. Eines Tages komme ich, Tévennec."

Marie-Jeannes Augen waren feucht geworden beim Lesen dieser aufwühlenden Zeilen. War Flaubert also auf Tévennec? Wenn er sich seinen Jugendtraum tatsächlich erfüllt hatte, könnte er mittlerweile auch verrückt sein – oder tot.

„Was soll ich jetzt nur tun?", fragte sie.

Ich schenkte noch einmal Feigenlikör nach.

„Den können wir jetzt gebrauchen", sagte ich und trank mit ihr gegen unsere Ratlosigkeit. Ich hatte Mitleid mit Marie-Jeanne, wie sie dort so hilflos und angstvoll mir gegenüber saß. Vor fast genau zwei Jahren war Flaubert spurlos verschwunden. Eines Morgens, als sie aufwachte, war er einfach nicht mehr da gewesen. Kein Zeichen, kein Brief, nichts verriet auch nur andeutungsweise, aus welchem Grund er sie verlassen hatte und wo er sich aufhielt. So war Marie-Jeanne plötzlich ganz alleine gewesen in ihrem großen Haus. Zwei Monate zuvor war ihre Tochter mit einer Freundin nach Douarnenez gezogen. Die Hafenstadt war nur dreißig Kilometer entfernt, aber Marie-Jeanne besaß kein Auto, sie hatte noch nicht einmal einen Führerschein. Und mit dem Omnibus dort hin zu kommen war die reinste Himmelfahrt. Aber Claudine wollte unbedingt raus aus dem langweiligen Nest, wie sie mein Domizil zu nennen pflegte. Außer Ruhe ist hier nichts los, schimpfte sie immer, und ich kann diese Ruhe nicht länger ertragen. Verständlich für ein junges Mädchen. Ich hingegen genoss es, ohne Durchgangsverkehr, Rush-hour und Motorenlärm zu leben. Nur hin und wieder wanderten in den Sommermonaten vereinzelt ein paar Touristen durch unser Dorf. Die hatten sich meistens verlaufen und boten Marie-Jeanne eine erfreuliche Abwechslung, ein kleines Gespräch, wenn sie sie nach dem Weg fragten. Oft saß Marie-Jeanne am steinernen alten Waschbecken etwas unterhalb der Straße, durch das frisches, sauberes Quellwasser floss, und wusch ihre Wäsche. Dabei sang sie aus voller Kehle ihre französischen Lieblingschansons. Eine Waschmaschine hatte Flaubert ihr nie gekauft, das wäre ihm nicht in den Sinn gekommen. Seit jeher waschen die bretonischen Frauen so, hatte er wohl einmal gesagt, also bleibt es auch dabei. Sommer wie Winter. Die Winter sind mild in der Bretagne.

Seit Flaubert verschwunden war, musste Marie-Jeanne ganz alleine über die Runden kommen. Hier eine Arbeit zu finden ist alles andere als leicht. Doch sie war hartnäckig und bekam schließlich bei der Gemeindeverwaltung eine Anstellung als Mädchen für alles. Sie putze bei der Bürgermeisterin, half älteren Gemeindemitgliedern bei der Gartenarbeit oder erledigte für sie mit dem Fahrrad die Einkäufe. Mittags half sie bei der Essensausgabe in der kleinen Schule oberhalb des Dorfes, und abends fiel sie todmüde ins Bett. Ohne Claudine und ohne Flaubert musste sie nun alles andere auch noch selber erledigen. Sie bewohnte ein recht großes Haus, umgeben von einem riesigen Garten, in dem sie Hühner und Ziegen hielt. Arbeit gab es da wahrhaftig genug.

Wir tranken noch einen Schluck, und unsere Blicke trafen sich unsicher.

„Als ich das Tagebuch zum ersten Mal gelesen habe", begann Marie-Jeanne langsam, „fühlte ich plötzlich eine seltsame Leere in mir. Es war, als ob Flaubert in diesem Moment gestorben wäre. Es ist irgendwie verrückt. Ich kenne ja die Sagen über Tévennec; sie nennen ihn den Unglücksfelsen, von dem niemand so heimkehrt, wie er vorher war. Na ja, du hast ja gehört, was Flaubert geschrieben hat. Auch meine Eltern und Großeltern haben mir als Kind diese Schauergeschichten erzählt, und ich habe sie natürlich geglaubt."

„Und heute?", fragte ich. „Was glaubst du heute?"

Sie zögerte, ehe sie antwortete, war sich nicht sicher. Man sprach hier in dieser Gegend nicht so offen über böse Geister.

„Etwas Geheimnisvolles hat dieser Ort wohl tatsächlich", sagte sie, „und dass die Seelen der Verstorbenen dort wohnen, kann ich mir schon vorstellen. Man erzählt es ja auch immer wieder."

Wie schön wäre es, wenn die jüngeren Frauen endlich aufwachen würden, dachte ich, anstatt immer noch den Schauermärchen der Alteingesessenen zu glauben.

„Würdest du mich nach Tévennec begleiten?", fragte Marie-Jeanne dann ganz unvermittelt. „Wir könnten Patrick fragen, ob er uns mit seinem Boot rüber fährt."

Sofort spürte ich die Abenteuerlust in mir, ein schon fast vergessenen Gefühl aus vergangenen Zeiten. Im Geiste sah ich bereits eine halb verweste, von Möwen bis zur Unkenntlichkeit zerfressene Leiche vor der Eingangstür des Leuchtturmes liegen. Aber natürlich schenkte ich den Hirngespinsten der alten Bretonen keinen Glauben und lächelte im Grunde immer über ihre Geschichten.

„Und du meinst, du wirst Flaubert dort finden?", fragte ich. „Immerhin ist er doch schon eine lange Zeit verschwunden."

„Es könnte doch sein. Es ist nur eine vage Idee, vielleicht eine winzige Chance. So ganz wohl ist mir ja auch nicht bei dem Gedanken, dorthin zu fahren. Aber ich muss Gewissheit haben, und alleine habe ich viel zu viel Angst. Mit dir zusammen würde ich es schaffen. Komm, gib dir einen Ruck."

Ich wusste, dass ich in dieser Nacht nicht würde schlafen können vor lauter Aufregung. Ständig träumte ich von Geistern, die lautlos um mich herum schwirrten. Ich stand auf, ging ans Fenster und beobachtete die Fledermäuse, die wie jeden Abend durch die Wipfel der Tannenbäume huschten. Was durfte man glauben von den Erzählungen der alten Einwohner? Was hatte es auf sich mit dem sagenumwobenen Leuchtturm Tévennec? Wurden die Menschen tatsächlich verrückt, wenn sie längere Zeit dort verbrachten? Führten dort die Seelen der Verstorbenen das Regiment? Einerseits kamen mir alle diese unheimlichen Erzählungen lächerlich vor, doch andererseits dreht sich hier in der Bretagne die Welt anders. Es gelten andere Regeln. Hier erlebt man manchmal Dinge, von denen man anderen Leuten besser nur mit vorgehaltener Hand berichtet.

Ich legte mich wieder hin und versuchte zu schlafen. Wir hatten uns für neun Uhr am nächsten Morgen mit Patrick verabredet. Er hielt unseren Plan zwar für idiotisch, sagte aber zu, uns nach Tévennec zu bringen. Für eine Flasche Lambig tat Patrick fast alles.

Ein Käuzchen schrie, und wieder schreckte ich hoch aus meinem unruhigen Schlaf. Was hatte ich mir da nur eingebrockt...

Patrick legte pünktlich um halb zehn ab. Er zog an der Reißleine, und beim dritten Versuch sprang der Außenbordmotor endlich an. Patrick setzte sich, klemmte das Ruder mit seinem wuchtigen Arm fest und drehte sich erst einmal eine Zigarette.

Dann schaute er uns zwei seltsame Passagiere bedeutungsvoll an und sagte:

„Nun gut, auf nach Tévennec."

Die See war ruhig, wir hatten Glück. Als wir uns weiter von der Küste entfernten, genoss ich die Fahrt in vollen Zügen, vergaß sogar fast den Sinn unseres Ausfluges. Die Dünung rollte heran und das Boot glitt mit Leichtigkeit über die Wellenberge. Das Land ließen wir hinter uns; vor uns lag nur noch das Meer - und Tévennec. Immer war er gegenwärtig, von nahezu allen Stellen an Land und auf dem Wasser war dieses schwarze Gestein mit seinem strahlend weißen Leuchtturm, der uns aus der Ferne zu beäugen schien, zu sehen. Auch ich konnte mich plötzlich seiner Anziehungskraft nicht mehr entziehen. Wie gebannt starrte ich in seine Richtung, sah ihn größer werden, deutlicher, bedrohlicher. Ein Felsen mitten im Meer, nur umgeben von Wasser, nichts als Wasser. Marie-Jeanne verstand es gut, ihre Nervosität zu verbergen. Sie musste doch innerlich ganz aufgewühlt sein. Doch je näher wir unserem Ziel kamen, desto ruhiger und gelassener wurde sie. Wir hatten schon etwa die Hälfte der Strecke geschafft und befanden uns zwischen Küste und Leuchtturm. Ein Boot ist so klein auf dem unendlich weiten Meer, dachte ich. Die Dünung wurde höher und wir rollten wie auf einer Achterbahn über das Atlantikwasser. Wir sind verrückt, dachte ich, total verrückt. Plötzlich tauchten Delfine neben uns auf, sprangen uns einige Kunststücke vor und verschwanden ebenso schnell wieder in den Tiefen des Wassers, wie sie aufgetaucht waren.

Eine halbe Stunde später drosselte Patrick den Motor und steuerte sein Boot vorsichtig an den Felsen, der groß und mächtig vor uns aufragte. Es gab eine Stelle, an der man, wenn man es geschickt anstellte, einigermaßen problemlos anlegen konnte. Die Gischt spritzte an den Fels, und die unaufhörlich wiegenden Wellen wollten das kleine Boot nicht so ohne weiteres herankommen lassen.

„Finger weg!", schrie Patrick barsch, als ich helfen wollte und versuchte, das Boot an den Granitblock zu ziehen, den ich gerade zu fassen bekam.

„Das war knapp, eine Hand ist schnell zerquetscht", schimpfte er noch weiter, als er sah, dass ich meine Hand erschrocken und schuldbewusst eingezogen hatte. Das fing ja gut an.

Schließlich schaffte Patrick es aber doch noch uns abzusetzen.

„In einer Stunde dann", rief er uns mit einem mitleidigem Blick zu, „ich mache mich da drüben an der Boje fest."

Der Motor heulte auf und das Boot verschwand.

„Der hat es aber eilig", sagte ich und schaute unserem Fährmann kopfschüttelnd nach.

„Von den Fischern setzt keiner freiwillig einen Fuß auf Tévennec", seufzte Marie- Jeanne und bedeutete mir, ihr zu folgen. Wir hatten nicht viel Zeit.

Behutsam setzten wir einen Fuß vor den anderen, bis wir den Felsen erklommen hatten und den Weg erreichten, der zum Leuchtturm führte.

„Tévennec ", murmelte Marie-Jeanne ehrfürchtig, „wir sind auf Tévennec."

„Jetzt komm und lass uns nach deinem Mann Ausschau halten", sagte ich und nahm ihre Hand. Mit gemischten Gefühlen stapften wir Richtung Leuchtturm. Der Wind pfiff uns um die Nasen, die Wellen platschten unaufhörlich gegen alle Seiten des kleinen Felsens, und das Geschrei der Möwen übertönte alles.

„Ob es dieses Möwengeschrei ist, das hier alle verrückt macht?", fragte ich mich halblaut.

„ Auf die Dauer hält das sicher keiner aus."

Wir schritten auf die mächtige Eingangstür zu.

„Flaubert", rief Marie-Jeanne, doch ihre Stimme verhallte im Wind. Sie versuchte es noch einmal.

„Flaubert?" Nichts rührte sich.

„Jetzt könnte ich einen Feigenlikör gebrauchen", scherzte ich ein wenig unbeholfen, um meine Angst zu vertreiben. Wir atmeten beide tief durch und stemmten uns gemeinsam gegen die massige Tür. Knarrend gab sie nach und ein modriger, muffiger Geruch wehte uns entgegen. Unbewohnt und feucht roch es. Hier konnte sich unmöglich jemand aufhalten. Oder vielleicht doch? Vor uns tat sich ein dunkler Raum auf, aus dessen Mitte sich eine schmale Wendeltreppe nach oben wand. Marie-Jeanne ging mutig voraus, ich folgte ihr. Stumm stiegen wir Stufe um Stufe höher.

„Flaubert?", rief Marie-Jeanne jetzt noch einmal zaghaft.

„Hier ist niemand, keine Menschenseele", flüsterte ich.

Wieder hörten wir die Möwen schreien. Eine Fensterscheibe war kaputt; sicher bei einem der letzten Stürme zu Bruch gegangen. Der Wind zog ungemütlich durchs Treppenhaus. Marie-Jeanne blieb plötzlich stehen und japste nach Luft.

„Noch ein paar Stufen, dann sind wir oben. Mach jetzt bloß nicht schlapp", sagte ich und stützte sie. Was würden wir dort oben in wenigen Schritten Entfernung entdecken? Ihren Mann? Oder sein Skelett? Wir öffneten die Tür zum ehemaligen Leuchtraum. Riesige, verstaubte Brenngläser versetzten uns in Erstaunen. Alles war noch gut erhalten, aber schon lange Zeit außer Betrieb. Wir schauten uns schweigend an, berührten fasziniert die dickwandigen Glasscheiben rundherum.

„Hier ist er nicht", bemerkte Marie-Jeanne dann plötzlich, als ob sie aus einem Traum erwachte. „Wir müssen unten nachsehen."

Blitzartig drehte sie sich um und rannte die Treppen hinunter. Ich blieb noch eine Weile oben und betrachtete den einzigartigen Ausblick aufs Meer, erkannte in der Ferne die Felsen des Pointe du Raz, sah die Küste, den Pointe du Van und St. They, die kleine Kapelle. Als ich so dastand, wünschte ich mich mit einem Mal zurück ans Land. Dort war ich sicher, hatte festen Boden unter den Füßen, kannte ich mich aus. Hier konnte ich nicht weg, musste nach ein paar Metern wieder umkehren, hatte nur den Turm um mich und die Möwen, diese ständig kreischenden Möwen. Eine nie gekannte Angst umspann mich plötzlich. Mir wurde kalt und schwindelig, ich sah Schatten, wo keine sein konnten, hörte Stimmen, obwohl niemand außer uns beiden Frauen auf dem Leuchtturm war. Etwas zerrte an mir, wollte Besitz von mir ergreifen. Was war das? Ich konnte es spüren, nicht jedoch sehen. Kalter Angstschweiß rann mir über den ganzen Körper. Ich war eine Zeitlang zu keiner Bewegung fähig, stand wie gefangen und verwurzelt oben auf dem Leuchtturm. Ich wollte schreien, um Hilfe rufen, doch nicht der winzigste Ton klang aus meiner Kehle. Ich war unfähig zu reagieren, befand mich in einem Zustand völliger und nie zuvor gekannter Apathie. War es so auch den vielen Leuchtturmwärtern ergangen, die sich hatten ablösen lassen? Haben sie Ähnliches erlebt wie ich in jenem Augenblick? Waren auch sie unfähig, klare Gedanken zu fassen oder einen Laut von sich zu geben? Ich wollte mich nicht geschlagen geben, musste mich wehren gegen diese unheimliche, unsichtbare

Macht. Ich hatte doch nie an all diese Sagen geglaubt und wurde doch genau jetzt mit ihrer Wahrhaftigkeit konfrontiert. Oder bildete ich mir das ganze Geschehen nur ein? War meine Phantasie mit mir durchgegangen?

Dann hörte ich einen dumpfen Knall, so, als ob jemand eine schwere Tür zuschlug. Ich konnte mit einem Ruck wieder meinen Körper fühlen, konnte wieder sehen, riechen, mich bewegen.

In Windeseile verließ ich den Raum und stolperte die Stufen hinab. Nichts und niemand konnte mich hier oben länger halten.

„Marie-Jeanne!", brüllte ich, als ich unten war und sie nicht gleich entdeckte. „Wo bist du?"

„Was ist denn los?"

Eine ruhige, gefasste Marie-Jeanne stand unten in der geöffneten Tür des Wohnraumes. „Warum schreist du so? Ist dir etwas passiert?"

„Nein, nein", stammelte ich noch etwas durcheinander, und mir war unser Rollentausch, der ganz plötzlich und unvermittelt stattgefunden hatte, ziemlich peinlich.

„Er ist nicht da", sagte sie. Hier ist niemand."

„Lass uns von hier verschwinden. Der Ort ist mir nicht geheuer", bat ich. Die Möwen schrien.

„Patrick wird ja gleich kommen", sagte Marie-Jeanne ruhig. Und nach einer Weile meinte sie: „Vielleicht sollte ich eine Zeitlang hier bleiben; irgendwie gefällt es mir auf Tévennec. Ich könnte doch ausprobieren, ob ich es sieben Tage alleine hier aushalte. Was denkst du?"

„Du bist ja wohl total verrückt", rief ich nur, sprang auf und winkte Patrick, der in einiger Entfernung auf uns wartete, wild mit beiden Armen zu. Als er mich bemerkte, löste er das Seil von der Boje, die ihm als Halterung gedient hatte, und fuhr langsam zu uns heran.

„Ab ins Boot!", befahl ich und sah Marie-Jeanne auffordernd an. Sie lächelte und stieg ein. Das Boot schwankte, und ich sprang hinterher. Patrick gab Gas. Gott sei Dank.

Hin und wieder besucht mich Marie-Jeanne, wenn sie Zeit hat. Manchmal backe ich gerade ein Brot, so wie an jenem Abend, und einen Feigenlikör habe ich auch immer da. Über unser Abenteuer Tévennec haben wir nie wieder gesprochen. Wir brauchen uns nur anzusehen und wissen Bescheid, denken dasselbe, haben dieselben Erinnerungen. Ebenso wenig reden wir über Flaubert. Er ist und bleibt verschwunden, gehört schon lange nicht mehr zu Marie-Jeannes Leben. Vielleicht kommt er ja eines Tages doch noch zurück, wer weiß.

Der Wind frischt auf, teilt die Zweige des Feigenbaums und gibt ein Stück azurblauen Himmel preis. Morgen wird ein schöner Tag werden.

Madeleine

Der Leichenwagen bog in unsere schmale Gasse ein, an deren Ende Madeleine und ich genau gegenüber wohnten. Er fuhr langsam, beinahe Schritttempo; der Fahrer suchte wohl die Hausnummer. Dann hielt er vor ihrem Haus.

„Vor ihrem Haus? Was will er dort, vor ihrem Haus?", dachte ich. „Was will ein Leichenwagen vor Madeleines Haus?"

Jeder weiß, was die Ankunft eines Leichenwagens zu bedeuten hat, auch ich wusste es natürlich. Aber - so schlimm stand es doch gar nicht um sie. Vorige Woche hatte ich doch noch mit ihr telefoniert.

„Oh, mir geht es ganz gut", hatte sie leise gesagt, als ich mich nach ihrem Gesundheitszustand erkundigte. Sie war halt geschwächt. Krebs schwächt einen Körper, auch wenn er noch jung ist.

„Die letzte Therapie hatte es in sich."

Ihre Worte klangen mir noch deutlich in den Ohren.

„Danach ging es mir ein paar Tage ziemlich dreckig. Aber ich will nicht jammern, das wird schon wieder."

Nach dem Telefongespräch dankte ich Gott, dass ich gesund war und mich mit solchen Problemen nicht herumschlagen musste.

„Das wird schon wieder", hatte sie gesagt. Es drückte Hoffnung aus.

„Ich werde kämpfen", hatte Madeleine uns versprochen. „Zum ersten Mal in meinem Leben werde ich wirklich kämpfen. Der da oben kriegt mich so schnell noch nicht. Ich bin ein harter Brocken."

Vor ungefähr einem Jahr waren bei Madeleine die ersten Beschwerden aufgetreten. Ich erinnere mich noch gut an diesen Tag. Wir hatten zusammen am Strand gelegen, hatten uns gesonnt und sind um die Wette geschwommen. Es war so ein herrlicher Tag gewesen, doch als wir aus dem Wasser kamen, krümmte Madeleine sich vor Schmerzen und ließ sich schwer auf ihre Stranddecke fallen.

„Dieser verflixte Bauch", hatte sie nur geschimpft. Zum Arzt war sie allerdings nicht gegangen. Sie wollte auf keinen Fall wieder unters Messer, davon hatte sie die Nase voll. Seit der letzten Operation vor drei Jahren wurde sie regelmäßig von Alpträumen gequält. Es gab Wochen, da wachte sie Nacht für Nacht schweißgebadet auf und spürte die Wundschmerzen der langen Narbe, die ihren Unterleib entstellte. Sie fühlte, wie es in ihrem Bauch pochte und klopfte, fester und fester, als ob ihr ganzer Körper zerspringen wollte. Die Angst vor einer erneuten Operation vertrieb die Sorgen, die Madeleine sich insgeheim machte. Das Wort „bösartig" hatte sich in letzter Zeit zu oft in ihrem Kopf festsetzen wollen. Aber immer wieder war es ihr gelungen, diese Gedanken zu verdrängen. Sie mied Menschen, die von ihren krebskranken Verwandten erzählten, überschlug hastig die Seiten der Illustrierten, auf denen von Wunderheilung oder Todeskämpfen berichtet wurde. Es würde sie nicht treffen, dachte sie.

Die Beschwerden ließen nicht nach, und einen Quacksalber wollte sie allenfalls von hinten sehen. Robert, ihr Freund, redete mit Engelszungen auf sie ein, aber es war zwecklos. Madeleine war zu stur. Sie war so lange stur, bis sie eines Morgens von starken Schmerzen überrascht wurde und fühlte, dass ihr Leib noch härter und dicker geworden war als zuvor. Sie hatte keine Wahl mehr.

Noch am selben Tag lernte Madeleine den Arzt kennen, der sie operieren würde, und die Schwestern, die sich in den nächsten Wochen um sie kümmern sollten.

Es war tatsächlich bösartig. Und im Grunde hatte sie es gewusst, schon lange. Vermutet hatten wir es auch, doch niemand hatte gewagt, es auszusprechen. Jetzt war es heraus: Krebs.

Robert musste es glauben, auch wenn er es nicht wahr haben wollte. Nach und nach gewöhnte er sich an den Gedanken, dass seine Madeleine schwer krank war. Sie würde ihr Haar verlieren, ihr ganzer Körper würde unter der Chemotherapie leiden.

„Leicht wird das nicht, für sie nicht und für mich nicht", sagte er am Abend vor der ersten Behandlung. Jetzt hatte sie schon die vierte hinter sich, und sie hielt sich wacker trotz ständiger Übelkeit und wiederkehrender Schmerzen. Wenn es zu heftig wurde, nahm sie starke Tabletten, anfangs kleine Mengen, dann immer größere. Aber eins tat sie nicht, sie gab nicht auf.

Und nun stand dieser Leichenwagen dort vor ihrem Haus, in dem sie seit Monaten um ihr Leben kämpfte. Ein gut gekleideter Mann stieg aus, verschloss die Autotür und schritt langsam auf ihr Haus zu. Er schaute an der Fassade hoch, betrachtete eine Weile die liebevoll geschmückten Fenster und die bunten Blumenkästen, die Robert frisch bepflanzt hatte, weil Madeleine Blumen doch so liebte. Schließlich klopfte er und wartete.

Er klopfte erneut.

Eine ungewohnte Angst überkam mich plötzlich. Wer würde öffnen? Robert? Oder vielleicht Madame Bruno, Madeleines Mutter? Kam dieser Leichenwagen wirklich, um Madeleine zu holen?

Mein Magen begann zu flattern.

„Das wird schon wieder", hatte sie gesagt, „das wird schon wieder."

Dann endlich bewegte sich die Haustür. Ich konnte es kaum fassen, aber Madeleine selbst war es, die öffnete. Langsam kam sie einen Schritt zur Tür hinaus, ging auf den Mann im dunklen Anzug zu und streckte ihm ihre Arme entgegen.

„Hallo, Jean" rief sie überrascht. „Was machst du denn hier?"

„Na, was wohl. Dich besuchen, krankes Schwesterchen."

Und er umarmte sie zärtlich und sehr behutsam, um ihr nicht weh zu tun, und küsste sie auf die Wangen.

Der Kloß, der mir die ganze Zeit im Hals steckte, löste sich wie von Zauberhand auf. Ich versuchte tief durchzuatmen und konnte mich nicht entscheiden, ob ich nun vor lauter Erleichterung lachen oder weinen sollte.

„Dann komm mal 'rein, Jean, " sagte Madeleine. Im gleichen Moment fiel ihr Blick auf den Leichenwagen.

„Was hast du denn da für ein verrücktes Auto?", lächelte sie kopfschüttelnd. „Das ist ja mal wieder typisch für dich. Damit hast du meiner Nachbarin sicher einen gehörigen Schrecken eingejagt."

Ich winkte Madeleine zu, sie lächelte mich an und die beiden verschwanden Arm in Arm im Haus.

An einem Tag wie jeder andere

Zuerst sah ich nur etwas Rotes. Eine Linie, einen Strich. Doch was macht eine Linie auf dem Meer? Ich bemühte mich zu erkennen, um was es sich handelte. Ich war neugierig geworden. Der rote Strich bewegte sich, schien näher zu kommen. Jetzt blinkte etwas Weißes an beiden Seiten. Erst ungleichmäßig, stotternd, dann wurden die Bewegungen gleichmäßiger, bis sie schließlich richtig rhythmisch wurden. Ja, man hätte ein Lied dazu singen können, die weiß glitzernden Punkte schlugen regelrecht einen Takt. Sogleich kam mir der Shanty „Santiano" in den Sinn und setzte sich in meinem Kopf fest. Ich sang, und das rote Etwas mit den weißen Punkten schlug den Takt dazu. Dann endlich erkannte ich, was es darstellte. Es war ein Paddelboot. Ein schmales, rotes Paddelboot. Es glitt über die Wellen dahin. Einsam und alleine. Der Paddler war ebenso alleine auf dem Wasser wie ich auf meinem Felsen hoch oben am Pointe du Castelmeur. Er strengte sich an, das kleine Gefährt in die richtige Richtung zu steuern. Der Wind wehte recht kräftig, und es schien eine gewaltige Anstrengung zu sein, den gewählten Kurs einzuhalten. Ein Rätsel, aus welchem Grund jemand bei diesem Wetter mit einem Paddelboot aufs Meer hinaus fährt. Kein Fischerboot war weit und breit zu sehen, kein Taucher, der an den Felsen Krebse suchte. Niemand wagte sich bei diesem Wetter hinaus. Niemand außer ihm. Die Dünung nahm zu. Das Boot hatte sich recht weit vom kleinen, dem Pointe vorgelagerten Felsen entfernt.

Es schaukelte jetzt wie ein Spielzeugboot über die Wellen. Auf meinem Ausguckfelsen wehte es anständig. Ich zog den Reißverschluss meiner Regenjacke bis zum Hals. Der Wind nahm zu, wurde leicht stürmisch. Langsam machte ich mir Sorgen um den unbekannten Paddler unter mir. Er sollte wirklich umkehren! Ich ließ ihn nicht mehr aus den Augen. Er versuchte zu wenden, das konnte ich deutlich erkennen, denn er war mittlerweile wieder ziemlich nah an den Felsen heran gekommen. Er bewegte seine Arme kraftvoll, bewirkte jedoch kaum etwas. Jetzt hielt er inne, pausierte. Hatten seine Kräfte ihn verlassen? Hatte er sich überschätzt, als er sich dazu entschloss, bei dieser Wetterlage eine Ausfahrt zu machen? Gebannt beobachtete ich, was weiter geschehen würde. Ich erkannte, dass das Boot zu nah an den Felsen trieb. Eine böse Vorahnung stieg in mir hoch, doch helfen konnte ich nicht. Ich musste tatenlos zusehen. Die Wellen bauten sich auf, türmten sich immer höher. Das kleine rote Boot wurde plötzlich hoch gerissen, tänzelte einen kurzen Augenblick auf dem Wellenkamm und im nächsten Moment zerschellte es am Felsen, der so friedlich und ruhig aus dem Wasser ragte. Die Geräusche des Windes und der Brandung übertönten die Schreie des Paddlers. Nichts anderes war zu hören. Noch ein zweites Mal krachte eine gewaltige Welle an den Felsbrocken. Teile des roten Bootes trieben umher, vom Paddler keine Spur. Mein Magen schnürte sich zu. Ich musste die Gendarmerie verständigen. Zu retten war der Mann nicht mehr, das war mir klar in dem Moment, als die Welle brach. Schon wieder hatten die Naturgewalten gegen den Menschen gewonnen.

Eine Fahrt mit Hindernissen – hausgemacht

Blut und Wasser – kann man das schwitzen? Sicher nicht, aber ich habe wieder einmal erfahren, dass diese Redewendung in bestimmten Situationen vollkommen zutreffend ist. Wieder einmal – ja, ich brauche scheinbar (oder anscheinend? Den Unterschied konnte Paul mir trotz unzähliger Versuche noch nicht eindeutig klar machen) solche Nervenkitzelsituationen. Was ich mir damit beweisen will, ist mir selber unklar. Ist es der Kick, den ich dabei verspüre? Ich brauche keinen Kick. Ist es eine Folge meiner Bequemlichkeit? Schon eher. Aber es ist auch Dummheit. Ja, reine Dummheit. Es wäre doch so einfach gewesen zu tanken...

Aber der Reihe nach. Zu meinem diesjährigen Osterurlaub in der Bretagne brach ich pünktlich um 7 Uhr auf. Der Tank war voll, Gepäck und Hund verstaut, Proviant und Wasser griffbereit. Mein feuerrotes Spielmobil lief wie am Schnürchen. Es surrte (neuer Auspuff!), bremste problemlos (neue Bremsbeläge) und auch die Lichtmaschine würde nicht wieder einen Anruf beim ADAC auslösen. (Das ist eine andere Geschichte...) Ich war dementsprechend guter Dinge, durchquerte Belgien und erreichte die französische Grenze in der normalen Fahrzeit. Da erwischte ich den ersten Stau dieses Tages. Vier Kilometer, die Autobahn wurde einspurig. In Schrittgeschwindigkeit mit mehreren Stopps fuhr ich, wie alle anderen Autofahrer, hinüber nach Frankreich. Eine halbe

Stunde Zeitverlust, nun ja, ich hatte es doch nicht eilig. Schon die Fahrt ist ein Teil des Urlaubs, also regte ich mich nicht auf.

Es hatten sich allerdings eine ganze Menge Menschen auf die Reise gemacht. Verkehr, Verkehr, Verkehr. Somit war es kein Wunder, dass sich der nächste Stau an der ersten Zahlstelle bildete. Ruhig bleiben, Ticket ziehen, weiterfahren. Wieder dreißig Minuten, die ich später ankommen würde. Aber noch verging mir nicht die gute Laune. Die Aussicht auf zwei Wochen Freizeit in der schönsten Gegend der Welt, wo die Sonne mich verwöhnen würde, der Wind meine Haut streicheln und die Köstlichkeiten des Meeres sich mir schmecken lassen würden, wo ich tun und lassen könnte, was immer mir in den Sinn käme, diese Aussicht ließ mich weiterhin entspannt und lächelnd am Steuer sitzen. Außerdem hatte ich schon fast die A29 erreicht, und nach knapp fünf Stunden freute ich mich auf eine Pause, ein Frühstück und einen Spaziergang mit meinem Hund. Aber Pustekuchen – daraus wurde nichts. Kein freier Parkplatz in Sicht, ein LKW blockierte mal wieder sieben PKW – Parkplätze, mehrere Autos standen bereits kreuz und quer auf den Rasenflächen. Was blieb mir anderes übrig als weiter zu fahren? Ich fühlte mich noch fit, der Hund verhielt sich ruhig, also ging es erneut ab auf die Autobahn. Mein nächstes Ziel hieß nun Honfleur, Entfernung von zu Hause aus 594 km. Dort würde ich tanken und endlich pausieren. Ich fuhr und fuhr und war guten Mutes. Im Gegensatz zu meiner Stimmung (ich sah mich schon am Strand liegen und die Sonne genießen) sank die Tanknadel doch ganz beträchtlich. Honfleur 43 km, das schaffen wir locker, dachte ich. Dann tauchte die Ankündigung „Bolleville" auf. Rastplatz mit Tankstelle. In 20 km Entfernung. Die Nadel näherte sich dem roten Bereich. Sollte ich schon in Bolleville tanken? Vielleicht nur zehn Liter und den Rest dann in Honfleur? Auf diese Weise müsste ich zweimal anhalten. Hmm… Die nächste Möglichkeit in Richtung Caen zu tanken: 102 km. Aber ich wollte ja nur nach Honfleur. Ich entschied mich zur Weiterfahrt. Beim letzten Mal hatte eine Tankfüllung bis dahin ja auch gereicht. Knapp, aber gereicht. Also. Es darf nur nichts dazwischen kommen, hatte Paul mir gesagt. Eine Umleitung würde es sicher nicht geben, den Fall hatten wir voriges Jahr im Sommer. (Nicht dran denken, es war schrecklich. Im allerletzten Moment habe ich eine Tankstelle gefunden.)

Das erlösende Schild tauchte bald vor mir auf und ich freute mich. Noch 15 km bis zur Pont de Normandie. Kurz danach kam die Ernüchterung: Bouchon a la péage. Nun ja, ein kleiner Stau bildet sich da ja eigentlich immer, dachte ich noch, als ich das Ausmaß der Bescherung sah. Der Stau zog sich von der Zahlstelle vor der Pont de Normandie bis über die kleinere Brücke davor und noch ein ganzes Stück weiter auf die Bahn. Jetzt stand ich da mit meiner dusseligen Entscheidung und bereute natürlich sofort, nicht getankt zu haben. Während ich schrittweise auf die erste Brücke zu fuhr, schaute ich mit leicht beginnendem Herzklopfen immer wieder auf die Tankanzeige. Halte durch, liebes Auto, bleib bloß nicht stehen! Hab noch ein bisschen Benzin im Tank, bitte. Ich hätte mit Stau Nummer drei rechnen müssen bei diesem hohen Verkehrsaufkommen. Warum war ich wieder so blauäugig? Wenn der Wagen jetzt stehen bleibt, habe ich es meiner eigenen Blödheit zu verdanken. Und wenn er auf der Brücke den Geist aufgibt? Um Himmels Willen, nur das nicht! Das wäre nicht nur äußerst peinlich, das wäre schrecklich, scheußlich, schlimmer als der schlimmste Albtraum. Beim Stau liegen bleiben ohne Randstreifen, weil der Tank leer ist, nicht auszudenken. Ich müsste den ADAC anrufen, aber telefonieren war gar nicht möglich mit meinem Handy. Es hat die dumme Angewohnheit, im Ausland nicht zu funktionieren. Darf ich mal bitte ihr Handy benutzen? Oder haben Sie zufällig einen Kanister dabei, den Sie mir verkaufen können? Mir gingen alle möglichen wirren Gedanken durch den Kopf. Mittlerweile hatte ich die erste Brücke erreicht, langsam, aber sicher. Stop and go, stop and go. Wenig Gas geben, haushalten. Tief durchatmen. Herzrasen ignorieren. Bis oben hatte ich es geschafft, die Tanknadel lag auf der roten Linie. Gab es eine Reserveleuchte? Oder war sie defekt? So Einiges funktionierte nicht mehr bei meinem alten Fiorino. Ich zog mich an dem Gedanken hoch, das Reservelämpchen würde sicher gleich beginnen zu leuchten. Dann wären noch ein paar Liter im Tank und wir würden auch die höhere Pont de Normandie noch bezwingen. Ich wusste, dass beim Hochfahren der Rest des Sprits nach hinten läuft. Wird dann nichts mehr angesaugt, hat man den Salat. Dann ist Ende, aus, Feierabend. Ich schwitzte Blut und Wasser. (Geht also doch, rein sprichwörtlich.)

Als sich die Autoschlange langsam und allmählich die Brücke herunter schlängelte, konnte ich Sprit sparen. Rollen lassen, bremsen, rollen lassen, bremsen. Noch lief das Auto, schnurrte im Leerlauf, als hätten wir kein Problem. Dann war ich endlich unten und die Autos verteilten sich auf die verschiedenen Zahlstellen. Ich erwischte eine, an der es relativ schnell ging. Ich zahlte, die Schranke öffnete sich und ich fuhr auf die Pont de Normandie. Nochmal tief durchatmen – wir schaffen das. Jetzt nicht schlapp machen! Ich konnte die Aussicht auf die Seinemündung nicht genießen, ich konnte das Höhengefühl nicht genießen, ich wollte nur noch nach Honfleur. Als ich am höchsten Punkt der Brücke war, schaltete ich in den Leerlauf und ließ mein feuerrotes Spielmobil nur noch hinunter rollen. Dann nahm ich die Ausfahrt, sauste durch den Kreisverkehr. Mein Herz schlug immer noch unnatürlich, raste, hämmerte. Nur noch 200 Meter, 100 Meter, rauf auf die Tankstelle, ab zur Zapfsäule. Geschafft! Wir hatten es tatsächlich geschafft. Ich dankte Gott und allen überirdischen Wesen und der Größe des Tanks. Nie mehr! Das passiert dir nie mehr, dachte ich, während ich den Tank fast bis zum Überlaufen auffüllte. Ich zahlte und machte nun die erste, wohlverdiente Pause.

Alles andere auf dieser Strecke konnte mich nicht mehr aufregen, ich hatte ja genug Sprit im Tank. Welch ein erhabenes Gefühl. Die nächsten fünf Staus vor den Zahlstellen, in Caen und Saint Brieux ließ ich locker über mich ergehen. Auch die mittlerweile recht aggressive Fahrweise der Franzosen ließ mich kalt. Als ich dann endlich quer ab durch die Walachei Richtung Carhaix fuhr, schien mir die Sonne prächtig auf die Windschutzscheibe, so dass ich streckenweise die Straße nur erahnen konnte. Schon am Morgen hatte mich die Sonne begleitet. Ein strahlender, glutroter Ball leuchtete mir in den Rückspiegel und versuchte mich zu blenden. Im Laufe des Tages wärmte sie mir den Kopf und den linken Arm. Und da die Sonne bekanntlich im Westen untergeht, brannte sie sich während der letzten beiden Stunden schön in meine Frontscheibe. Doch auch das irritierte mich nur am Rande. Solange die Tanknadel keinen Ärger machte, war alles andere gleichgültig.

Nach vierzehn Stunden hatte ich mein Ziel erreicht. Bienvenue en Cap Sizun!

Die Klippen von Leylec

Ich steuere meinen Wagen die engen Straßen zum Pointe de Leylec hinauf. Zu beiden Seiten fliegt die Heide an mir vorüber, meine Heide, die ich so sehr liebe. Wäre ein anderer Tag, ein anderer Anlass, ich würde hier aussteigen, genau hier, würde mir einen Weg durch das erikafarbene Heidekraut bahnen bis zum Meer, und dann würde ich dieses unbeschreibliche Glücksgefühl empfinden, die Natur in mir aufzunehmen, zu spüren, zu erleben. Mehr als diese karge Landschaft und den ungetrübten Blick auf den Atlantik brauche ich nicht, um glücklich zu sein. Das dachte ich bisher. Schon damals, als ich die Bretagne für mich entdeckte, hatten die Klippen von Leylec mich gleich wie magisch angezogen, und so oft es eben möglich ist, komme ich her, laufe bis zum äußersten Felsenrand und blicke hinunter in die Schlucht, dorthin, wo das Wasser hart und ungestüm auf die Felsbrocken trifft und stetig vor sich hin brüllt und tobt. Dorthin, wo man Tote zu hören glaubt, die ihre Klagelieder singen, manchmal heulend, manchmal johlend, dann wieder krachend oder leise säuselnd. Nie empfand ich es als einen schrecklichen Gedanken, hier vielleicht tatsächlich von Toten umgeben zu sein. Für mich war diese Erscheinung eher eine Überlieferung der Leute, etwas, das hier in der Bretagne zum alltäglichen Leben gehörte. Frühere Generationen hatten schon immer ihren Kindern und Enkeln erzählt, dass die armen Seelen der im Meer Ertrunkenen in der Schlucht bei St. Jacques um Erlösung flehen. Man flüstert sich auch heute noch hinter der vorgehaltenen Hand zu, dass sie sich hin und wieder einen der Lebenden holen, um sie am eigenen Leibe spüren zu lassen, welche Qualen die Geister erleiden müssen. Trotzdem hatte ich nicht ein einziges Mal Angst hier oben. Ich fühlte mich seit jeher ganz im Gegenteil ausgesprochen wohl an dieser einsamen und stürmischen Ecke der Küste. Manchmal, wenn ich lange genug an einer bestimmten Stelle verharrte, meinte ich Stimmen zu hören. Später zu Hause wusste ich dann nicht mehr, ob alles nur Einbildung war oder nicht. Auf jeden Fall zieht mich etwas hier mit einer stetigen Kraft an, und ich kann mich nicht dagegen wehren.

Heute fahre ich mit meinem Auto, ich habe nicht viel Zeit, und der Regen hält mich zusätzlich davon ab, wie sonst den Weg zu Fuß zurück zu legen. Ich starre durch die von Regentropfen nasse Windschutzscheibe und stelle gedankenlos die Scheibenwischer ein, die sofort fürchterlich zu quietschen beginnen. Ich beachte den unangenehmen Ton nicht; wie in Trance sitze ich hinter dem Lenkrad und fahre durch die kühle Herbstlandschaft den Weg hinauf zur Kapelle von St. Jacques.

Ich biege an der kleinen Kreuzung links ab und parke meinen Wagen vor der Kapelle. Langsam steige ich aus, halte die Wagentür noch eine Weile unschlüssig fest und schaue zu den Klippen hinüber. Der Regen wird heftiger, es ist ein ungemütlicher bretonischer Novembertag. Ich stülpe meinen Mantelkragen hoch, schlage schließlich die Autotür zu und gehe den schmalen Weg an der fast verblühten Heide entlang. Ich verlangsame meine Schritte und spüre gleichzeitig, wie mein Herz schneller und lauter zu klopfen beginnt. Am Rand der Klippen bleibe ich stehen. Der nasskalte Wind peitscht mir ins Gesicht. Verkrampft verschränke ich meine Arme und blicke hinunter in die Tiefe. Die Wellen krachen mit tosender Gewalt gegen die schroffen Felsen. Ich kann die Gedanken kaum ertragen, die mich beim Anblick der Bucht jetzt unweigerlich überkommen. Aber ich kann sie auch nicht von mir abwenden.

Nach ein paar Schritten kauere mich an einen hervorstehenden Granitblock, und während ich mit meinem Arm den harten Stein umklammere, muss ich an die Toten denken, an die Geister dort unten, und ganz besonders sehe ich in diesem Augenblick Frederic, den Mann meiner Freundin Elodie. Ich mochte ihn sehr, jeder hier mochte ihn sehr. Doch die leichtfertige Elodie, die einem unüberlegten Liebesgeflüster mit einem englischen Urlauber nicht widerstehen konnte, hat ihn in den Tod getrieben. Eine Kurzschlussreaktion vielleicht, aus Hass entstanden, aus dem Schock, der ihn traf, als er von Elodies Verhältnis erfuhr. Frederic konnte keinen Liebhaber neben sich dulden. Er war altmodisch, streng katholisch und nach bretonischen Grundsätzen erzogen worden. Und jetzt ist er tot, jetzt klagt seine Seele den anderen sein Leid.

Elodie besitzt ein kleines Café nahe am Meer. Sie hat es auf ihre Art wohnlich und gemütlich eingerichtet. An den Wänden hängen alte Bilder, die bretonische Fischer bei der Arbeit zeigen. Riesige Muscheln, Krebse und Langusten schauen aus grobmaschigen Netzen auf die Gäste hinunter. In einer dunklen Nische steht eine Musikbox aus den fünfziger Jahren. Manchmal fragen Touristen, ob sie zu verkaufen sei, aber um nichts in der Welt würde sich Elodie von ihr trennen. Sie liebt die alten Songs von Elvis Presley, Jacques Brel oder Edith Piaf. Oft wirft abends ein Gast eine Münze in die Box und lässt einen Oldie spielen. Das hat sich im Laufe der Zeit so eingebürgert, und alle lauschen gerne der Musik und schwelgen in vergangenen Zeiten. Die Stammkunden besetzen meistens die Barhocker an der Theke, trinken zwei, drei Gläser Roten und lassen sich übers Wetter aus oder über die Leute. Touristen, die im Café frische Crêpes essen wollen oder ein kühles Bier bestellen, nehmen lieber auf den durchgesessenen rot gepolsterten Sitzecken Platz. Durch zwei große Fenster kann man von dort aus direkt aufs Meer sehen. Elodie liebt ihr Café. Es macht sie unabhängig, bedeutet ihre eigene kleine Welt. Frederic war Seemann. Vor ungefähr sieben Jahren hatten sie sich kennen gelernt und ein halbes Jahr später geheiratet. Mit ihrer Ehe begann aber auch Elodies Einsamkeit. Frederic hatte auf einem Thunfischfänger angeheuert, um mehr Geld für seine Familie zu verdienen, und war so oft wochenlang unterwegs. Dann kam er für drei, vier Tage nach Hause, erholte sich von den Strapazen der langen Fahrt und lief wieder aus, erneut für mehrere Wochen. Sie hatten nicht viel von ihrer Ehe, nur die paar Tage und Nächte zwischen zwei Reisen.

Eines Tages betrat ein gut aussehender Mann das Café und setzte sich an einen der Tische. Elodie hatte ihn noch nie zuvor hier gesehen. Er machte es sich auf der roten Sitzbank bequem und schaute aufs Meer. Dann drehte er sich um und bestellte ein Bier. Er sprach Französisch mit englischem Akzent, ein Urlauber. Sie zapfte das Bier und brachte es ihm an den Tisch. Als sich ansahen, nahm die Geschichte ihren Anfang.

Elodie wollte es natürlich nicht wahr haben, doch sie hatte sich verliebt, halsüberkopf. Noch am selben Abend rief sie mich an und vertraute mir die Neuigkeit an. Ich riet ihr natürlich davon ab, sich mit einem Fremden einzulassen, sprach von Frederic und ihrem Versprechen, ihm treu zu bleiben. Doch es half alles nichts. Sie traf sich tatsächlich mit Jeff. Ein paar Tage später erzählte mir Elodie die Fortsetzung ihrer verkorksten Liebesgeschichte.

„Wir verbrachten den ganzen Tag zusammen", begann sie. „Wir schwammen am Baie des Trépasses und fuhren dann an der Küste entlang. Wir liefen die Treppen zum Hafen von Vorlenn hinunter und ..."

Ich hörte nicht weiter zu, dachte an Frederic, der jetzt auf dem Meer war und mit harter Arbeit Geld für Elodie verdiente, während sie sich mit einem dahergelaufenen Urlauber amüsierte. Das hatte Frederic nicht verdient. Das war nicht fair. In diesem Moment begann ich Elodie zu hassen.

Ich schaute sie ernst an, wollte ihr meine Meinung sagen und versuchen, sie umzustimmen und einen Rückzieher zu machen. Doch es war zwecklos. Sie war keinem Argument zugänglich.

So nahm die Geschichte ihren Lauf. Jeff blieb nun immer bis zum Schluss. Er war stets der letzte Gast, und als alle anderen das Café verlassen hatten, schloss Elodie die Tür, und die Nacht gehörte ihnen.

Nach zwei Wochen aber kam Frederic zurück. Er hatte wie immer vier Tage frei, bevor er wieder für drei oder vier Wochen fort musste. Schon bei der Begrüßung schien er zu merken, dass etwas nicht stimmte. Elodie verhielt sich so seltsam, und er machte sich seine Gedanken.

Drei Tage kam Jeff nicht ins Café. Erst als Frederic wieder auf See war, sah Elodie ihn wieder und hatte jeden Abend und jede Nacht Zeit für ihn, und auch die freien Tage verbrachten sie zusammen. Natürlich wussten die Stammgäste mittlerweile alle von ihrem Verhältnis, und sie würden es nicht für sich behalten. Elodie war sich dessen bewusst und fand es an der Zeit, mit Jeff darüber zu reden, wie es weitergehen sollte.

„Ich liebe dich, Elodie, das weißt du doch", sagte er.

„Aber wie sieht unsere Zukunft aus? Dein Urlaub ist bald vorbei, dann fährst du zurück nach England."

Elodie musste sehr verzweifelt gewesen sein und traute plötzlich seinen Worten von Liebe nicht mehr so recht. Sie wollte wissen, woran sie war, ob er es wirklich ehrlich mit ihr meinte. Fünf Wochen sind keine lange Zeit, doch Elodie war sich, wie sie meinte, über ihre Gefühle im Klaren und wusste genau, was sie wollte. Mit Frederic konnte sie hier nicht weiterleben, als wäre nichts geschehen. Früher oder später würde er herausbekommen, dass sie mit einem Urlauber ein Verhältnis begonnen hatte, und das würde er nicht verkraften. Er würde die Konsequenzen ziehen und weggehen, weg von ihr, weg von hier, in eine andere Gegend, wo ihn niemand kannte. Diesem Schritt wollte Elodie zuvorkommen, denn Frederic liebte seinen Heimatort und würde sich woanders niemals richtig wohl fühlen. Deshalb hatte sie eine Entscheidung getroffen.

„Nimmst du mich mit, wenn du abreist?"

„Du willst mit mir kommen? Du willst hier alles aufgeben?"

Jeff schluckte und schaute verlegen aus dem Fenster. Das Meer war ruhig. Es war Ebbe, und ein paar Jogger liefen durch den feuchten Sand. Die Sonne stand schon tief am Himmel und flimmerte wie ein riesiger roter Ball. Mit dieser Frage hatte er wohl nicht gerechnet.

„Schau, das gibt wieder einen tollen Sonnenuntergang heute", sagte er schnell. „Ich hole meine Kamera. So etwas bekommt man nur selten vor die Linse."

Er lief zu seinem Auto, kramte seine Kamera heraus und stellte sie auf ein Stativ.

Da begriff Elodie endlich, dass es ihm nicht ernst mit ihr war. Ein Urlaubsflirt, weiter nichts. Das hätte sie sich denken müssen, hätte nicht auf ihn hereinfallen dürfen und nicht auf ihre Gefühle. Sie konnte ihm nicht sagen, dass sie schwanger war, schwanger von ihm. Sie wusste es erst seit kurzem und hatte außer mit mir noch mit niemandem darüber gesprochen.

Enttäuscht und zornig auf sich selbst, auf ihre Leichtgläubigkeit und ihr blindes Vertrauen, das sie Jeff gegenüber so schnell aufgebracht hatte, lief sie ins Haus zurück, verriegelte die Tür und löschte das Licht. Es hielten sich keine Gäste mehr im Café auf; in letzter Zeit waren sie immer schon früh am Abend gegangen. Sie lief nach oben und ließ Jeff nicht mehr herein.

Als Frederic nach Hause kam, erfuhr er nach und nach, was sich in den letzten Wochen zwischen Elodie und dem Engländer abgespielt hatte. Sie verhielt sich Frederic gegenüber still. Sie sprachen nicht darüber, was passiert war, doch sie fühlte, wie unglücklich er war. Sie wusste, er wollte sie entweder ganz für sich oder aber gar nicht. Er konnte Elodie nicht mit einem anderen Mann teilen, auch nicht für fünf oder sechs Wochen im Sommer, wenn er hier Urlaub machte. Er konnte es noch nicht einmal ertragen, dass sie an Jeff dachte oder dass jemand von ihm sprach. Manchmal, wenn Frederic im Café saß und einen Rotwein trank, hörte er, wie die Gäste an der Theke gewisse Anspielungen machten oder Elodie nach dem netten englischen Urlauber fragten. Dann schob er zornig sein Glas beiseite und verschwand.

„Frederic, ich bekomme ein Kind", sagte sie eines Abends, als sie endlich alleine waren. Er sah sie nur an und schwieg.

Dann drehte er sich um und blickte aus dem großen Fenster in die Dunkelheit. Er stand eine Weile so da und starrte hinaus. Es war ein kühler Oktoberabend. Das Meer war unruhig, und das Tosen der Brandung hallte unaufhörlich zu ihnen herüber.

Frederic verließ das Haus, ohne noch einmal zurück zu blicken. Er setzte sich ans Steuer seines Wagens und fuhr los. Damals ahnte niemand, was er vor hatte. Niemand ahnte, dass er nicht mehr leben wollte. Niemand ahnte, dass er bei den Klippen von Leylec in den Tod rasen würde.

Ich hocke immer noch dort an den Felsen gelehnt und starre hinunter in die Bucht. Zwei Stunden sind sicher vergangen, und ich müsste schon längst zu Hause sein. Langsam erhebe ich mich und stütze mich auf dem rauen Felsen ab.

Ich schaue noch einmal hinab in die Tiefe, drehe mich um und gehe zurück zu meinem Wagen. Ich habe Mühe, gegen den starken Wind anzukämpfen, der sich in der letzten halben Stunde gedreht hat und ein Unwetter ankündigt. Besorgt schaue ich in den Himmel, steige ins Auto und fahre los.

„Ich komme wieder, Frederic", sage ich halblaut und ignoriere die Tränen, die mir aus den Augen laufen, „ich komme wieder."

Lebende Steine — Fratzensteine

Kein Wunder, dass wir Steine böse Fratzen ziehen. Schaut hin, wir stieren euch entgegen, klagen euch an. Was bildet ihr Menschen euch ein? Was denkt ihr euch dabei, auf uns herum zu trampeln, als wären wir leblose, gefühllose Wesen? Ohne auch nur den winzigsten Gedanken an unsere empfindliche Oberfläche zu verschwenden, tretet ihr mit euren schweren, hässlichen Schuhen auf uns, ihr springt und lauft. Die Hunde kacken uns voll, und mit Abscheu müssen wir darauf warten, dass die Flut uns wieder sauber spült. Ihr setzt uns als Windhalterung für eure Stranddecken ein oder, was noch viel schlimmer ist, ihr benutzt uns als Hammer, um die Heringe für eure Zelte in den Boden zu rammen. Ihr solltet euch schämen. Es gibt Menschenwesen, die uns aus unserer gewohnten Umgebung verschleppen. Unzählige Mitsteine wurden schon auf weite Reisen mitgenommen, lieblos in Taschen oder Koffer gezwängt. Am Ziel, was diese Wesen zu Hause nennen, was aber unser Zuhause niemals werden kann, werden wir schön arrangiert, mal als Blumenbeeteinfassung, mal auf der Fensterbank als originelle Dekoration. Oft werden wir als Souvenir aus dem Bretagne - Urlaub verschenkt und stehen dann irgendwo nutzlos herum. Könnten wir noch finsterer drein blicken, wir würden es tun. Nach und nach verändern sich unsere Fratzen, je nach Lebensumständen. Das schwerste Los haben jene Mitsteine, die mit grell bunten, stinkenden Farben beschmiert und als Briefbeschwerer missbraucht werden. Das ist Steinquälerei.

Unser Leben am bretonischen Strand hatte so vielversprechend begonnen. Damals, in meinen Jungsteinjahren, lagen wir alle gemeinsam am kleinen Hafen von Théolen. Ständig fühlten, schmeckten und hörten wir das Meer, das rauschende, Schönheit bringende Meer. Es pflegte uns, rundete behutsam aber stetig unsere Kanten zur reinen Form. Bei Ebbe wärmten uns die Sonnenstrahlen, Regen plätscherte lustig auf uns herab. Manchmal bildete sich Moos, wir wurden glitschig und quietschten vor Vergnügen. Häufig traf uns auch ein Möwenschiss. Mit einer verzeihenden Geste zwinkerten wir gen Himmel, schließlich gehören Möwen zu unserer natürlichen Umgebung.

Dann kamen die Menschen und störten unsere Idylle. Wir gefielen ihnen, weil wir so schön, so glatt, so ebenmäßig waren. Eigenschaften, von denen sie selber nur träumen konnten. Also ergriffen sie Besitz von uns. Sie sammelten uns auf, warfen uns achtlos in Säcke, Tüten oder Müllbeutel und nahmen uns mit. Verschleppten uns, ohne unsere stummen Schreie zu hören. Wehrlos mussten wir dem respektlosen Treiben zusehen. Doch die Reaktion der zurück gebliebenen Steine ließ nicht lange auf sich warten. Wir veränderten unsere glatte, feine Oberfläche in Fratzen. Eine große Anzahl Felsen zeigte sich solidarisch. Angst erregende Fratzen, wo man hinschaut. Jetzt bleiben die meisten von uns dort liegen, wo sie hingehören. Betrachtet uns nur einmal genau, ihr Menschen! Horcht in uns hinein, versucht, uns zu verstehen! Jeder einzelne Fratzenstein könnte seine persönliche Geschichte erzählen. Wer weiß, vielleicht existieren ja einige wenige Menschenwesenexemplare, die für unsere Botschaften empfänglich sind.

Boeuf Bourguignon Henri

Wenn wir bei unserem Freund Henri zum Essen eingeladen wurden, gab es meistens sein geliebtes Boeuf Bourguignon. Er nahm dafür 750g Rindfleisch aus der Keule, Olivenöl, zwei Zwiebeln, eine Knoblauchzehe, Salz, Pfeffer und eine Flasche guten Bordeaux oder Médoc.

Man schneidet das Fleisch in mundgerechte Stücke und lässt es in Olivenöl rundherum schön anbraten. Dann fügt man die Zwiebeln und die kleingeschnittene Knoblauchzehe hinzu, auch Salz und Pfeffer. Unter Rühren lässt man alles noch etwas anbraten, anschließend gießt man den Rotwein darüber, sodass das Fleisch vollkommen bedeckt ist. Nun lässt man das Gericht bei geschlossenem Deckel auf kleiner Flamme mindestens zwei Stunden schmoren. Wer mag, kann natürlich Champignons und Möhren mit in den Topf geben.

Dazu passt frisches Baguette und ein grüner Salat.

Abendstimmung am Trez Goarem

Es erfüllt mich eine tiefe Zufriedenheit. Das Meer, ganz nah bei mir, die Brandungswellen erreichen fast meine Füße, die sich im warmen, weichen Sand eingegraben haben. Unzählige Tröpfchen glitzern auf der Wasseroberfläche, die Sonne lässt sie tanzen, und der Wind spielt mit. In mir breitet sich Stille aus, Gedankenlosigkeit, Freiheit. Er hat keine Berechtigung, mein unverschämter Seelenfrieden. Ich lasse mich fallen, lasse alles los, was mich bedrückt, während andere leiden, trauern, sterben. Es ist ein Privileg, und ich bin mir dessen bewusst. Und doch genieße ich es, hier zu sitzen auf dem angenehm warmen Stein, den Blick auf die Unendlichkeit des Horizonts gerichtet. Blauer Himmel, blaues Meer. In der Ferne ein paar Segelboote, Möwen, die vorbei ziehen, sonst nichts. Keine Menschenseele weit und breit, ringsherum nur Sand und Steine, glatt gewaschen von der immerwährenden Brandung. Nur ich bin hier mit meinem Hund, meinem treuen Begleiter. Er schmiegt sich an mich, fühlt sich wohl. Ich kraule sein dickes Fell und versinke wieder in meine Zufriedenheit. So ist das Paradies, denke ich. Ohne Sorgen, glückselig. Ich spüre meinen Rücken nicht, auch nicht meine Gelenke. Ich fühle mich frei von jeglichem körperlichen und seelischen Leid. Ein Gefühl, von der Natur inspiriert, nicht künstlich hervorgerufen, nicht durch Drogen herbei geführt. Hier wirkt die Natur auf mich wie eine Droge. Während einer Freundin nach einem Sturz der Fuß eingegipst wurde und sie nicht auftreten darf, genieße ich meine Zufriedenheit. Drei Monate Rollstuhl fahren, Sommer ade. Während die Familie eines meiner Schüler trauert, weil die Mutter den Kampf gegen den Krebs verloren hat, sitze ich hier und genieße meinen Seelenfrieden. Während Menschen nicht über den Tod ihrer Angehörigen hinweg kommen, die bei einem absichtlich herbeigeführten Flugzeugabsturz ums Leben kamen, achte ich nur auf meine innere Ruhe. Während unzählige Menschen in vielen Ländern gefoltert werden, weil sie anders denken als ihre Regierung, während Attentäter unschuldige Menschen brutal in den Tod reißen, Flugzeuge abgeschossen werden, Mütter und Väter ihre Babys quälen und umbringen, Kinder missbraucht, unterdrückt und geschlagen werden, todkranke Menschen auf ihren letzten Atemzug warten, sitze ich hier am Strand von St. Tugen, Trez Goarem, und spüre tiefe, totale, einzigartige Zufriedenheit. Ein bisschen schäme ich mich dafür, und doch genieße ich den Moment, diesen Moment auf meinem kleinen Stückchen Himmel auf Erden.

Wolken über Poullou C'Hou

Der Himmel über uns verfinsterte sich. Das war nichts Besonderes, nicht der Rede wert, zumal nicht Ende Oktober. Doch die Helligkeit kam nicht wieder zurück. Es blieb dunkel, tagelang. Oft hatte ich es schon erlebt, dass Nebel unsere Gegend verdeckte. Kaum etwas ist dann auszumachen durch die dichten Schwaden, das Nachbarhaus nicht, die Bäume im Garten nicht, die gegenüberliegende Straßenseite nicht. An jedem neuen Morgen hofft man, die Sonne zu sehen oder wenigstens einen winzigen Strahl ihres Lichts zu erahnen, einen kleinen Schimmer. Doch der Nebel kann hartnäckig sein. Undurchdringlich. Beängstigend. Da rührt man sich am besten nicht aus dem Haus. Man feuert den Kamin, legt Musik auf oder lenkt sich mit schönen Dingen ab, mit Malen, Klavier spielen oder Lesen. Doch immer wieder schaut man aus dem Fenster, immer wieder ersehnt man einen kleinen Durchblick, so winzig er auch sein mag. Aber der Nebel ist unbeirrbar, hartnäckig und dicht. Hebt sich dann der Schleier endlich nach ein paar Tagen, ist die Erleichterung groß. Eine neue Welt, so denkt man, wenn der Himmel und die Sonne sich am Morgen durchs Fenster wieder die Ehre geben, eine schöne neue Welt.

Doch die Wolken blieben. Kein Wind, keine Sturmbö konnte sie verjagen. Poullou C'Hou blieb unter schwarzen Wolken.

Sicher würde die alte Josephine wieder irgendeine ahnungsvolle Vermutung anstellen, warum das Dorf unter Wolken steckte. Wer weiß, was sie diesmal für unheimliche

Schauergeschichten herum erzählte. Ich ließ mich von der Finsternis jedenfalls nicht beeindrucken und ging meiner ganz normalen Arbeit nach. Für diese Woche hatte ich mir vorgenommen, die riesige Menge an Äpfeln, die ich letzte Woche geerntet hatte, zu Kompott zu verarbeiten. Dann hätte ich für den Winter reichlich Vorrat, um meine unwiderstehliche Apfelcremespeise auf den Tisch zu zaubern. Oft kamen Freunde zu mir zum Essen, und alle liebten diesen köstlichen Nachtisch. Und mit dem selbst hergestellten Apfelmus aus meinem eigenen Garten schmeckte er natürlich besonders gut. Ich freute mich schon auf die gemeinsamen Abende mit ihnen. Wenn das Feuer im Kamin vor sich hin flackerte und wohlige Wärme im Raum verteilte, wenn wir gemeinsam einen leckeren Aperitif tranken, übers Wetter und die Welt erzählten und uns auf ein schmackhaftes Essen freuten, dann konnten Sturm und Regen draußen ruhig verrücktspielen, dann fühlte ich mich wohl in meiner Haut. Natürlich wechselten wir uns ab mit unseren Einladungen. Wir trafen uns mal bei Marianne, mal bei Marie-Odile, mal bei Claude und Patrick. Ich hatte sie im Laufe der Zeit immer besser kennen gelernt, und bald waren wir ein unzertrennliches Klübchen. In den Sommermonaten besuchten wir die verschiedenen Feste, die hier ständig in den benachbarten Orten gefeiert wurden, wir nahmen gemeinsam an Prozessionen teil, wenn das einem von uns wichtig war, und wir hörten uns Konzerte der unterschiedlichsten Musikrichtungen an. Balladen auf dem Klavier gehörten ebenso dazu wie Rockkonzerte, Dudelsack – oder Chorveranstaltungen. Wir hielten sogar Totenwache, wenn jemand aus der Nachbarschaft gestorben war. Dann wurde die Leiche in dessen Haus aufgebahrt, und die Klageweiber erschienen in schwarzen Gewändern, die

Gesichter ebenfalls schwarz verschleiert, beteten und klagten und harrten bei dem Toten aus. Früher hätte ich es nie für möglich gehalten, dass ich an einer solchen Totenwache einmal teilnehmen würde, doch als der alte Jean vor einigen Monaten gestorben war, musste ich mich wohl oder übel in mein Schicksal fügen.

Plötzlich hielt ich inne. War damals, in der Nacht seines Todes, Poullou C'Hou nicht auch so wolkenverhangen und düster gewesen wie jetzt? War das reiner Zufall oder hatte das vielleicht doch etwas zu bedeuten? Ob gerade jetzt wieder einer unserer älteren Dorfbewohner im Sterben lag?

Ich legte den halb geschälten Apfel zur Seite, wusch mir mehr oder weniger geistesabwesend die Hände und holte mir einen Calvados aus dem Wandschrank. Auf diesen Schrecken musste ich ein Schlückchen trinken. Ich ließ mich in meinen Lieblingssessel sinken und begann nachzudenken, wen ich schon längere Zeit nicht mehr gesehen hatte.

Die Fensterläden in dem kleinen Haus ganz am Ende der Straße waren seit einigen Tagen verschlossen. Stimmt, ich hatte auch den fast achtzigjährigen Bewohner schon länger nicht mehr gesehen. Seine Tochter besuchte ihn ungefähr alle zwei Wochen und erledigte seine Einkäufe. Aber auch sie war mir in dieser Woche noch nicht begegnet. Ich nahm noch einen Schluck und dachte weiter nach. Ja, da war noch jemand, den ich vermisste. Ich wusste seinen Namen nicht, doch er saß, solange ich nun hier schon lebe, an jedem schönen Tag stundenlang auf der Bank gegenüber dem Dorffriedhof. Die Kappe auf dem Kopf, den Stock in der Hand, so saß er da, Tag für Tag. Manchmal hatte sich jemand dazu gesellt, meistens ebenfalls recht betagte Männer, von denen es hier ja genug gab. Noch, dachte ich schaudernd, noch gab es genug. Wie oft war ich an diesem alten Mann schon vorbei gefahren? Und immer habe ich gedacht, der gehört hier hin, genau hier auf diese Bank.

Und noch jemand fiel mir ein, den ich lange schon nicht getroffen hatte, den alten, mürrischen Yves. Er grüßte nie. Er guckte nur durch mich hindurch. Ein seltsamer Mensch. Er wohnte alleine in einem Haus weiter oberhalb des Dorfes, ziemlich einsam gelegen. Er hatte keine Frau, keinen Hund, keine Katze. Sicher war er deshalb so verbittert. Ob die Wolken uns mitteilen wollten, dass Yves gestorben war? Wer würde ihn dann aber finden? Sicher würde es Spaziergängern, die hier nur, wenn überhaupt, in der Urlaubszeit vorbei kommen, am Geruch auffallen, dass da ein Toter im Haus liegt. Keine schöne Vorstellung. Vielleicht sollte ich mich gleich lieber einmal zu seinem Haus aufmachen und bei ihm anklopfen und fragen, ob alles in Ordnung ist. Aber dafür müsste ich mir erst noch ein bisschen Mut antrinken, und außerdem hatte ich ja noch eine Menge unerledigter Arbeit vor mir. Ob sich überhaupt jemand über den unfreundlichen Yves Gedanken machte? Plötzlich wurde mir klar, wie wenig ich über meine Dorfnachbarn wusste. Wem ging es schlecht? Wer brauchte vielleicht Hilfe? Mein Gewissen meldete sich vehement. Gleich morgen früh, so nahm ich mir vor, würde ich mich um meine drei Vermissten kümmern.

In der folgenden Nacht fand ich kaum Schlaf. Immer musste ich daran denken, dass vielleicht gerade jemand starb, während ich hier gemütlich in meinem warmen Bett lag und grübelte. Der Himmel war dunkel gefärbt, mondlos, ohne einen einzigen Stern. Ein Dach aus dicker, pechschwarzer Tinte. Der Schrei eines einsamen Fuchses war das einzige Geräusch weit und breit. Eine unheimliche Nacht.

Am nächsten Morgen stand ich zeitig auf. Es war ein wenig heller als in den letzten Tagen, doch die Wolken hingen immer noch dick und undurchsichtig über Poullou C'Hou. Ohne zu frühstücken machte ich mich auf den Weg zum Haus von Yves. Ich klopfte und wartete. Nichts rührte sich. Ich klopfte erneut. Nichts. Er ist schon tot und halb verwest, dachte ich, und mir wurde ganz flau im Magen. Dann hörte ich ein Schlurfen und war erleichtert, als Monsieur Lessec, so stand es auf dem Namensschild, die Tür einen Spalt breit öffnete.

„Guten Morgen", sagte ich und lächelte ihn etwas unsicher an. Er nickte nur.

„Ich wollte nur fragen, ob alles in Ordnung ist oder ob Sie etwas brauchen."

Er schüttelte den Kopf und schloss die Tür. Puh! Na ja, wenigstens lebte er noch und ich hatte mein Gewissen erleichtert. Ich ging von da aus gleich zu Fuß zum Bäcker, um mir ein Baguette zu kaufen. Als ich um die Ecke bog, konnte ich schon von weitem die Bank gegenüber dem Friedhof sehen. Und wer saß da in alter Frische? Der gute ältere Herr mit Käppi und Stock. Mein Herz hüpfte vor Freude. Auch er war also nicht gestorben, war vielleicht nur ein paar Tage krank gewesen. Was hatte ich auch für Ideen? Josephine hatte mich schon ganz schön angesteckt mit ihren seltsamen Ahnungen.

Als ich beim Bäcker ankam, erfuhr ich dann, dass der alte Mann, der am Ende der Straße wohnte, in der letzten Nacht gestorben war. Niemand hatte sich darum gekümmert, dass er seine Fensterläden schon seit Tagen nicht mehr geöffnet hatte. Niemand hatte gefragt, ob alles in Ordnung sei. Niemand, auch ich nicht. Seine Tochter hatte ihn am Morgen gefunden.

Ich nahm mein Brot und ging nach Hause. So war das Leben hier. Ich schaute in den Himmel und bemerkte, dass die Wolken sich aufgelöst hatten.

Rezept für meine Apfelcremespeise

Um die unwiderstehliche Cremespeise herzustellen, braucht man eine Packung Löffelbiskuits, mit der man eine längliche Porzellanform auslegt. Die Plätzchen werden mit einem Gemisch aus Apfelsinensaft, Calvados und flüssiger Sahne beträufelt. Das macht jeder ganz nach Geschmack. Für Kinder lässt man den Alkohol lieber weg. Darauf kommt eine Lage Apfelkompott, möglichst selbst gekocht mit Salzbutter und Zucker, darüber eine Mischung aus einem halben Pfund Mascarpone, zweihundertfünfzig Gramm Quark, zwei Eigelb, zweihundert Gramm steif geschlagener Sahne mit zwei Esslöffeln Zucker. Zwei steif geschlagene Eiweiß werden untergezogen. Obenauf gibt man noch einmal eine Lage Kompott, dann kann man die Speise noch schön verzieren, etwa mit feinen Minzblättchen, geriebenen Haselnüssen oder einem Tupfer Sahne.

Gedankensprünge am Pors Heign Haas

Wieder einmal sitze ich an einem meiner Lieblingsorte. Alleine, nur umgeben von Wellen, Granit, Wind und Sonne. Ein paar Möwen ziehen ihre Kreise, tun, was sie immer tun. Das Wasser ist mir ganz nah. Ich habe es mir auf den Stufen, die zur Bootsrampe führen, bequem gemacht. Bei Ebbe ist sie zu sehen, jetzt nicht. Nur drei Stufen gibt die Flut frei, eine Zeitlang noch, dann werden auch sie überspült sein. Seltsame Gedanken schwirren mir durch den Kopf, hier an der kleinen, versteckten Anlegestelle am Pointe de Penharn. Ist das die Folge des Alleine seins? Ich bin nicht einsam, nur eben alleine. Im Grunde bin ich nicht menschenscheu, doch gibt mir das Alleine sein etwas, das mich mit der Natur verbindet. Die Natur kann sich von den verschiedensten Seiten zeigen; unerbittlich, berauschend schön, beängstigend. Gibt es Wesen, die anderen Böses wollen, Böses antun? Sicher gibt es die, das ist mir bewusst, höre ich doch auch hier in meiner Abgeschiedenheit Nachrichten und schaue mir im Fernsehen an, wozu Menschen fähig sind. In der Tierwelt existiert so etwas nicht. Man greift nicht aus bösem Willen an, tötet nicht aus einer Laune heraus oder aus Rache. Tiere kennen keine Rachsucht, die ist dem Menschen vorbehalten. Hunger oder Verteidigung sind die Gründe, die Tiere dazu treiben, mit anderen Lebewesen zu kämpfen. Dem Menschen scheint das böse Gen angeboren zu sein. Eben, auf der Fahrt hier hin, wollten zwei kleine Jungen mein Auto mit Steinen bewerfen; sie hatten ihre Arme bereits in die Höhe gehoben. Ein rascher, durchdringender Blick aus dem Seitenfenster hat sie im letzten Augenblick von ihrer Tat abgehalten. Ja, auch ich bin fähig zu negativer Ausstrahlung, wenn es notwendig ist. Würde jetzt, wo ich hier friedlich und glücklich am Hafen sitze, jemand auftauchen, der Böses im Schilde führt, ich würde mich natürlich wehren. Was wäre, wenn jemand Spaß daran hätte, meinen Schlüsselbund ins Wasser zu befördern oder meinen Fotoapparat? Oder mich? Ich stelle mir vor, eine dunkle Gestalt würde sich anschleichen, leise und von mir unbemerkt, weil ich hier so versonnen und naiv herum sitze. Ja, naiv, denn wer sollte schon hier herunter kommen an diesen Ort um mir etwas anzutun? Was wäre, wenn ich plötzlich einen Tritt bekäme und kopfüber ins Wasser fiele? Instinktiv umklammere ich meinen Schlüssel fester und drehe mich um. Natürlich ist niemand in der Nähe.

Welch seltsame Gedanken mir doch immer wieder kommen, sobald ich am Meer sitze und alles auf mich wirken lasse, was mich umgibt. Ich nehme die Natur in mir auf, und der Mensch hat darin nichts zu suchen, allein der Gedanke an ihn stört. Der Wind zerzaust meine Vernunft, das Glitzern der Wasseroberfläche verunsichert meinen Verstand. Was bedeuten die Schreie der Möwen? Ich bilde mir ein, sie wollen Kontakt zu mir aufnehmen. Lachen sie mich aus? Wollen sie mich verscheuchen? Wahrscheinlich bin ich ihnen gleichgültig. Sie sehen keine Gefahr in mir. Möwen werden vom Menschen nicht gejagt, sie sind ungenießbar, was ihr Glück ist. Tiere, die als Delikatessen auf den Tisch kommen, müssen da schon eher auf der Hut sein. Ich beuge mich herunter und schaue ins Wasser. Kein Fisch tummelt sich dort, auch keine Krebse sind zu sehen. Friedliche Tiere, die ihre Scheren lediglich benutzen, um sich vor Feinden zu schützen. Gut, dass Menschen nicht über solche Scheren verfügen. Was sie mit ihren Fäusten und Füßen anstellen reicht schon.

Ich mache mich auf den Rückweg, bevor meine Gedanken noch wirrer werden und vollends verrücktspielen.

Noch einmal nach Pellay

Stürmisch war es an jenem Mittwoch, verdammt stürmisch. Aber trotzdem ein herrlicher Tag, um am Strand zu sitzen, das Meer zu beobachten, das Rauschen und Donnern der Brandung zu genießen. Wie immer ging ich zur kleinen Bucht von Pellay hinunter. Der Ort gefiel mit von Anfang an. Kaum jemand kannte ihn, und es war schon ein bisschen abenteuerlich, ihn über die Felsen und durch dichtes Gestrüpp zu erreichen. Aber war man erst mal unten angekommen, breitete sich ein kleiner Sandstrand aus, der einen wundervollen Blick aufs Meer preisgab.

Ich machte es mir gerade auf meiner Decke bequem, als ein junger Mann vor meinen Augen auftauchte, an mir vorbei hechtete und einen Moment später im sicherlich eiskalten Wasser verschwand. Er schwamm ein paar kräftige Züge, tauchte dann unter der ersten sich brechenden Welle hindurch und ließ sich von der Kraft des Wassers tragen.

Immer wieder tauchte der Kopf aus der weißen, tosenden Brandung auf. Der wahnsinnige Spaß, den der Schwimmer in diesen Augenblicken empfinden musste, ließ ihn wohl die Gefahr vergessen, der er sich aussetzte. Sieben, acht schäumende Wellenberge türmten sich jetzt hinter ihm auf. Wie gebannt hingen meine Augen an diesem winzigen, dunklen Etwas, das in unregelmäßigen Abständen hoch- und niederstürzte. Die Luft schmeckte nach Salz; der stetige Wind wehte es mir auf die Lippen. Frech flimmerten die Sonnenstrahlen, deren grelles Licht vom Wasser reflektiert wurde. Ich musste die Augen zu kneifen, um den Mann im Blick zu behalten.

„Ein Draufgänger muss das sein", dachte ich noch, „geht bei dem Wetter schwimmen. Verrückt."

Dann sah ich seinen Kopf nicht mehr. Angespannt suchte ich die Gischt ab, Stück für Stück. Vielleicht war er weiter in Richtung Felsen abgetrieben - kein Wunder bei den Strömungen hier. Aber auch in Landnähe konnte ich nichts erkennen. Langsam stand ich auf. In meinem Magen begann es unangenehm zu kribbeln, und ein leises, aber bestimmtes Gefühl der Ohnmacht befiel meinen Körper. Ich war kein guter Schwimmer, es wäre sinnlos gewesen, ins Wasser zu laufen und einen Rettungsversuch zu unternehmen. Wie gebannt stand ich da und suchte jeden Winkel der Bucht ab.

„Er ertrinkt", dachte ich plötzlich. „Er ertrinkt, jetzt in diesem Augenblick." Und ich stand dabei und sah tatenlos zu.

Ein Taucher fand den leblosen Körper einige Tage später in der Nähe einer Felsengruppe, einige Kilometer von der Bucht entfernt. Mit dem Wechsel der Gezeiten war er schließlich dort angeschwemmt worden.

„Kein schöner Anblick", hatte der Taucher gesagt. „Aufgedunsen wie ein eingeweichtes Brötchen."

Am liebsten hätte ich die Erinnerung an diesen Urlaubstag ausgelöscht, aber der Tod dieses Mannes ließ mich einfach nicht los. Fast jede Nacht lag ich ruhelos im Bett, und wie ein Film lief der Vorfall immer wieder vor meinen Augen ab. Ich hatte mit niemandem über dieses schreckliche Geschehen gesprochen, hielt es tief in meinem Inneren verborgen. Es war mein Geheimnis und sollte es auch bleiben, für alle Zeit.

Der Alltag hatte mich nach meinem Urlaub zum Glück schnell wieder im Griff. Arbeit lenkt ab, lässt Erlebnisse verblassen.

Eines Abends klingelte das Telefon.

„Hallo, hier ist Lore Pohlmann", meldete sich eine zaghafte Stimme.

„Lore! Meine Güte, lebst du auch noch? Ich hab' ja eine Ewigkeit nichts von dir gehört.

Wie geht es dir? Und Sebastian?"

Es blieb einen Moment lang still am anderen Ende der Leitung. Dann sagte Lore: „Mir geht es ganz gut, danke. Hast du nicht Lust, heute Abend auf ein Glas Wein vorbeizukommen? "

Ich überlegte nicht lange und sagte zu. Endlich würde ich Sebastian kennenlernen, Lores Verlobten. Sie hatte mir schon viel von ihm erzählt. Ich freute mich auf einen interessanten Abend, freute mich auf ein wenig Abwechslung und andere Gedanken.

Lore öffnete mir die Tür, schloss mich zur Begrüßung herzlich in die Arme und führte mich ins Haus.

„Schön habt ihr's hier", sagte ich und schaute mich im Wohnzimmer um.

Geschmackvoll und teuer. Sicher eine gute Partie, der Sebastian, dachte ich.

Lore brachte eine Spätlese und schenkte zwei Gläser ein. Ich vermisste das Glas für ihren Verlobten und war enttäuscht, dass er nicht da war.

„Auf unser Wiedersehen", sagte Lore, hob ihr Glas und stieß mit mir an. Ich wurde ungeduldig. Irgendetwas stimmte nicht, Lore benahm sich so seltsam. Ob sie sich etwa getrennt hatten? Dabei war er doch ihre große Liebe gewesen, der Mann fürs Leben.

Ich fasste mir ein Herz und fragte:

„Und wann stellst du mir deinen Sebastian vor? Muss er etwa so spät noch arbeiten?"

Lore schaute mich an, und erst jetzt bemerkte ich die Wehmut in ihren Augen. Sie sank in den Sessel und begann mit leiser, zittriger Stimme zu erzählen:

„Sebastian wollte als Abschied von seiner Junggesellenzeit noch ein letztes Mal alleine in Urlaub fahren. Nur zwei Wochen, versprach er, dann wollte er zurück kommen und mich heiraten. Er fuhr in die Bretagne, er liebte die Atlantikküste. Schon seit Jahren fuhr er immer wieder nach Beuzec Cap Sizun, und immer wieder, als ob er von ihr magisch angezogen würde, ging er zur Bucht von Pellay um zu schwimmen. Er sagte: Das Meer fordert mich heraus. Und ich nehme immer wieder an. Ich kann nicht anders, es ist wie eine Sucht."

Lore nahm einen Schluck Wein und starrte durch mich hindurch. Die Stille im Raum war beinahe erdrückend.

„Dann kam der Brief von den französischen Behörden", sprach sie schließlich weiter.

„Sebastian ist ertrunken. An einem stürmischen Tag hat er das Meer unterschätzt, er hatte nicht die Kraft dagegen anzukommen."

Lores Blick zuckte verzweifelt und hilflos zu mir herüber. Bisher war sie erstaunlich ruhig geblieben, aber nun hatte sie es ausgesprochen und ließ ihren Gefühlen freien Lauf. Sie sprang auf, ließ sich in meine Arme fallen und weinte hemmungslos.

„Und sicher standen noch Leute dabei", schluchzte sie hysterisch. „Und die haben nichts unternommen. Die haben ihn einfach ertrinken lassen."

Mir wurde übel. Ich hielt Lore fest und streichelte sie mitfühlend. Ich spürte, wie mein Blutdruck sank und konnte mich nicht dagegen wehren. Plötzlich waren die Bilder wieder da, bunt und schillernd wie an jenem Mittwoch, als es passierte. Ich spürte den Wind in meinem Haar und schmeckte die salzige Luft auf meiner Zunge.

In diesem Augenblick war es mir klarer als je zuvor: Es würde immer mein Geheimnis bleiben.

Möwen unter sich

Möwengeschrei erinnert an unbeschwerte Urlaubstage, ist es nicht so? Jeder, der schon einmal das Glück hatte, ein paar Wochen am Meer verbringen zu können, kennt diese Laute. Schrill und durchdringend schicken die Himmelstiere ihre Botschaft durch die Lüfte. Sie kreischen, sie lachen, sie rufen. Der Urlauber schaut in die Höhe, bewundert die Leichtigkeit, mit der die Seevögel durch die Wolken gleiten, sich vom Wind tragen lassen. Ein Gefühl von Neid macht sich vielleicht in ihm breit. Das ist Freiheit pur. Freiheit, wie Menschen sie niemals erreichen werden, Freiheit, wonach sich jeder Mensch sehnt. Grenzenlos, lückenlos, ohne jegliches Aufhalten. Sind Möwenschreie Glücksausbrüche? Sind es Jubelrufe? Oder lachen sie uns aus, die wir auf der Erde stehen und zu ihnen hinauf blinzeln? Der gemeine Urlauber wird sich darüber kaum den Kopf zerbrechen. Er hofft nur, dass die Möwen ihm nicht einen weißen Platscher darauf fallen lassen, nach dem Motto: Gut gezielt ist halb getroffen. Er setzt seinen Wanderweg fort, und die Möwen ziehen mit ihm. Plötzlich schießen sie wie auf Kommando steil abwärts Richtung Wasseroberfläche. Ein Fischer wirft frische Eingeweide ins Meer. Ein guter Tag für die Möwen. Ihr Geschrei verändert sich schlagartig. Schlachtrufe. Mein Fisch, dein Fisch, Fisch ist für uns alle da. Sie reißen sich die Fischgedärme gegenseitig aus dem Schnabel. Dann kehrt wieder Ruhe ein. Ruhe? Gedämpftes Geschrei. Ein zufriedenes Geplänkel? Eine Unterhaltung? Können sich Möwen unterhalten? Können sie denken, fühlen, empfinden? Auf ihre spezielle

Art sicherlich. Was halten sie von den Menschenwesen? Den Fischern sind sie allemal gut gesonnen. Von ihnen werden sie regelmäßig mit gutem Fressen versorgt. Schlaraffenland für Möwen. Mach den Schnabel auf, und der Frischfisch kommt hinein geflogen.

Möwen bereiten ihre Mahlzeiten nicht zu. Sie schlingen herunter, was ihnen in den Hals kommt. Dabei ist es doch so einfach, einen Fisch schmackhaft auf den Teller zu bringen. Die Möwen wissen gar nicht, welchen uns Menschen vorbehaltenen Gaumenschmaus sie verpassen .Wir entgräten den Fisch, das haben die Möwen ebenfalls nicht nötig. Ihre Mägen bestehen aus einer Art Schmirgelpapier. Seesterne, die auf der Menschentafel niemals auch nur den unbedeutendsten Platz ergattern werden, stellen für Möwen eine Delikatesse dar.

Manchmal sind Möwenschreie aber auch bedrohlich. Dann scheinen sie sich über Dinge auszutauschen, die ihnen missfallen. Natürliche Feinde haben sie nicht. Über wen sollten sie sich also aufregen? Über Naturgewalten? Nein, die gehören zu ihrem Leben. Über den Sturm, der so oft über den Atlantik peitscht und ihnen die Federn zerpflückt? Nein, Möwen lieben den Sturm, lässt er sie doch noch höher, weiter, schneller fliegen. Über Regen, Kälte oder Hitze? Das Gefieder schützt vor jedem Wetter. Es müssen die Menschen sein, über die sich die Möwen ärgern. Die Fischer einmal ausgenommen, haben Menschen für Möwen nicht die geringste Bedeutung. Sie jagen sie nicht, weil ihr Fleisch zäh und nicht genießbar ist. Doch sie greifen in ihren Lebensraum ein. Sie zerstören Brutplätze mit stinkigem Öl, sie werfen Müll aus den Schiffen. Den Müll fressen die Fische, die Möwen bekommen ihren Anteil. Auch verschandeln die Menschen die Natur. Sie suchen sich geeignete Felsen aus, um Häuser, Leuchttürme und Kirchen darauf zu bauen. Und was werden die Möwen wohl von all den Häfen halten, die schon vor vielen hundert Jahren in die dafür geeigneten Granitwände geschlagen wurden? Treppen ins Gestein gehauen, hässliche Schutzhäuschen mit Wellblechdächern aufgestellt. Langsam vor sich hin rostende Barrikaden einbetoniert, damit die Menschen nicht abstürzen, wenn sie sich zu stark vorn über beugen. Gegossene Plattformen, Rampen, um die Boote hoch zu ziehen, wenn ein Sturmtief zu erwarten ist. Kräne für die Reusen und mit Netzen gefüllten Fischkästen, Schutzmauern für die Angler. Störfaktoren für die Möwen.

Vielleicht haben sie sich ja im Laufe der Zeit an alle diese Veränderungen gewöhnt. Was ihr Geschrei nun wirklich zu bedeuten hat, werden wir Menschen aber wohl nie erfahren.

Rezept für ein feines Fischfilet

Ein paar Handgriffe verwandeln es in eine wahre Köstlichkeit. Kein Mehl, kein Ei, kein Paniermehl zerstört den Geschmack. Man reibt das Filet leicht mit etwas Salz und Pfeffer ein. In eine Kasserolle gibt man ein wenig Salzbutter, eine oder zwei Schalotten und eine zerhackte Knoblauchzehe. Darauf legt man den Fisch, streut frische Petersilie darüber und gibt zwei bis drei Esslöffel Creme fraîche dazu. Zum runden Abschluss gießt man ein halbes Weinglas Muscadet in die Kasserolle und zusätzlich ein Schnapsgläschen Calvados oder Nolly Prat. Der Appetit kommt schon beim Zubereiten. Zehn bis fünfzehn Minuten in den nicht zu heißen Backofen damit, fertig.

In meinem Kopf

Wie so oft sitze ich in unserem Garten, gemütlich, ruhig. Der Feigenbaum mit seinen weit ausladenden Zweigen spendet mir Schatten. Mein Kaffee steht heiß dampfend auf dem Tisch, mein Buch liegt griffbereit, ich habe alles, was ich brauche, bin glücklich und zufrieden und genieße mein ruhiges Leben in vollen Zügen. Ich nehme einen Brief zur Hand, den der Postbote mir heute Morgen gebracht hat. Geschrieben hat ihn Nolwenn, eine ehemalige Nachbarin, von der ich schon seit längerer Zeit nichts mehr gehört habe. Ich bin gespannt auf Neuigkeiten, bin neugierig, wie es ihr wohl ergangen ist in den letzten Jahren. Früher haben wir viel zusammen unternommen, doch dann ist sie eines Tages nach Quimper gezogen, gar nicht mal so weit weg, gerade mal 45 Kilometer. Und trotzdem haben wir uns aus den Augen verloren. Ich freue mich, dass sie sich an mich erinnert. Gleichzeitig plagt mich mein Gewissen, weil ich sie nie besucht und mich auch nie bei ihr gemeldet habe. Schnell öffne ich den Brief und beginne zu lesen.

„Lange habe ich nichts von mir hören lassen, ich weiß, und es tut mir Leid. Auch Du hast sicher wenig Zeit zu schreiben. Jetzt und hier an meinem Tisch auf der Terrasse habe ich Zeit, nehme ich mir Zeit. Ich könnte Dir so vieles erzählen, doch meine Gedanken lassen mich nicht in Ruhe, hören nicht auf sich zu verselbständigen. So ergeht es mir tagein, tagaus. In meinem Kopf bin ich schon längst die Treppen zur ersten Etage hinauf gelaufen und habe mein Arbeitszimmer aufgeräumt.

Ich habe alle Versicherungsunterlagen abgeheftet, Rechnungen alphabetisch geordnet und Kontoauszüge einsortiert. Alte Papiere, die nun wirklich niemand mehr braucht, habe ich weg geworfen. Den Papierkorb habe ich schon dreimal geleert, bin dafür flink treppauf und treppab gelaufen. Ich habe Bücher geordnet, in meinem Kopf, Texte und Klaviernoten in die entsprechenden Mappen gelegt, alles muss ja seine Ordnung haben. Ich habe die Fenster geputzt, die Gardinen gewaschen und wieder aufgehängt und den Teppichboden gesaugt. Auch meinen Schreibtisch habe ich endlich entrümpelt, in meinem Kopf. Alles ist blitzblank und schön.

Ebenso habe ich in Gedanken bereits den Rasen gemäht. Es ist beschwerlich, sich immer wieder zu bücken und den Fangkorb zu leeren. Doch es macht Spaß, denn ich sehe nach getaner Arbeit, was ich geschafft habe. Brennnesseln habe ich ausgerissen und sie haben mich zur Strafe ordentlich geärgert. Aber das schadet nicht, ist gut gegen Rheuma. Ich liebe es, im Garten zu arbeiten, die Beete zu säubern und zu pflegen. Eine bunte Mischung aus Blumen, Obst und Gemüse, so habe ich mir meinen Garten ja schon immer vorgestellt, Du kennst ja meinen alten noch. In meinem Kopf ist er perfekt. Ich schließe die Augen und genieße den Anblick. Auch die Hecke ist akkurat geschnitten. Ich stelle mir vor, wie ich stundenlang und schweißnass vor Anstrengung mit der Heckenschere hantiert habe, immer darauf bedacht, nicht das Kabel durch zu schneiden. Anschließend habe ich die Zweige auf den Anhänger geworfen und zur Dechèterie gefahren. Wer körperlich arbeitet und etwas schafft, sinkt am Abend zufrieden in den Sessel, atmet endlich erleichtert durch und läutet den verdienten Feierabend ein.

Das Badezimmer habe ich in meinem Kopf geputzt. Mit dem Dampfreiniger habe ich sämtliche Ecken erreicht, alle noch so winzigen Nischen und Ritzen. Das Klo, die Kacheln, der Boden, die Dusche, alles strahlt vor Sauberkeit. Du findest es sicher komisch, dass mir solche seltsamen Gedanken durch den Kopf jagen. Mit geschlossenen Augen sitze ich da und träume. Ich mache mich auf zu einer meiner liebsten Wandertouren. Du erinnerst Dich sicher, welche Route ich meine, da sind wir auch öfter zusammen gewandert. Ich fahre zum Pointe du Van, parke den Wagen und schlage die Richtung zur Kapelle St.They ein. Ich klettere auf die Felsspitzen und genieße die einmalige Aussicht. Hier empfinde ich Ruhe, Frieden, Glückseligkeit. Es ist ja nicht weit zur Kapelle. Sie ist geöffnet, also betrete ich den kühlen, dunklen Raum, der mir so ans Herz gewachsen ist. Am Nebenaltar betrachte ich die Schiffsmodelle. Ich zünde eine Kerze an, in meinem Kopf. Anschließend wandere ich über den Sentier cotier zum Pors Théolen, wo ich mich auf einem Stein ausruhe, ehe ich den Rückweg in Angriff nehme.

Es ist ein heißer Tag heute. Ein perfekter Tag, um den Nachmittag am Strand zu verbringen, am Baie des Trépasses, und eine Runde zu schwimmen. In Gedanken laufe ich durch den feinen warmen Sand, erfrische erst meine Füße, dann schnell den ganzen Körper, indem ich einmal kurz untertauche. Ein herrliches Gefühl, diese Abkühlung. Ich taste mich weiter ins Meer vor, springe über die Wellen, kämpfe mich weiter und weiter, bis ich es hinter die Brandung geschafft habe. Hier kann ich schwimmen, lasse mich von den Wellen hoch und runter heben, bis ich schließlich wieder an den Strand zurück komme, Boden unter meinen Füßen spüre und durch das seichte Wasser wate. Erschöpft, aber zufrieden sinke ich auf meine Stranddecke und lasse mich vom Wind und von der Sonne trocknen.

Ich überlege, was ich sonst noch unternehmen könnte. Es gibt hier so unendlich viele Möglichkeiten. Ich könnte nach Audierne fahren und über den Wochenmarkt bummeln, ich könnte dem Antikmarkt in Pont Croix einen Besuch abstatten oder Trödel auf drei Etagen in der Villa des Hortensias bewundern, oder aber einen Waldspaziergang in Douarnenez machen. Ich würde so gerne noch einmal nach Penmarc'h fahren und den Leuchtturm Eckmühl besteigen. 209 Stufen hoch steigen, die wunderbare Aussicht genießen und anschließend alle Stufen wieder hinunter laufen. Eine wunderbare Vorstellung. Anstrengend, aber wunderbar.

So vieles könnte ich tun, und täte nichts lieber - wenn ich nicht an meinen verdammten Rollstuhl gefesselt wäre..."

Entsetzt ließ ich den Brief auf meinen Schoß sinken. Nolwenn im Rollstuhl? Das wusste ich nicht. Was war passiert? Ein Unfall? Eine Krankheit? Plötzlich wurde mir bewusst, wie gut es mir ging. Ich konnte laufen, gehen, Treppen steigen, schwimmen. Ich konnte mich frei bewegen. Ein Witz, über Rückenschmerzen zu klagen, über ein Knacken im Knie, über Schmerzen in den Schultern. Warum saß ich faul im Garten anstatt etwas Nützliches zu tun? Ich schämte mich plötzlich, dass erst das Leid eines anderen Menschen mich daran erinnerte, für meine Gesundheit dankbar zu sein.

Das alte Haus am Meer

Es ist genau zwischen zwei Felsen gebaut worden, das düster wirkende kleine Haus direkt am Meer, das jedem Besucher gleich ins Auge fällt, wenn er auf der Landstraße Richtung Pont d'Armand entlang fährt. Eine seltsame Ausstrahlung geht von ihm aus. Die Granitsteine, kaum wahrnehmbar, ob sie zum Haus oder zu einem der Felsen gehörten, haben bereits einige hundert Jahre auf dem Buckel. Sie sind Zeitzeugen, haben die Ereignisse der Vergangenheit miterlebt. Obwohl sie starr und hart wirken, verfügen Granitsteine doch über eine Art Eigenleben. Zwar besitzen sie keine Sinnesorgane, jedoch wird ihnen seit jeher eine gewisse Sinnlichkeit nachgesagt. Generationen von Menschen sind in diesem Haus zur Welt gekommen, sind dort aufgewachsen und haben dort gelebt, geliebt, gearbeitet. Hunger, Leid, Krankheit und Tod haben in diesem Gemäuer geherrscht. Glück und Unglück haben sich in ihm fest gesetzt, kriegerische und friedliche Zeiten, Siege und Niederlagen. Das Haus ist so zu einem Teil der Geschichte geworden wie viele andere auch, doch ist dieses alte Felsenhaus tatsächlich ein außergewöhnliches Haus mit außergewöhnlichen Steinen. Fenster existieren naturgemäß nur an der vorderen und hinteren Wand. Links und rechts schließen die beiden Felsen es ein. Auch das Fundament besteht aus nacktem, hartem Felsengestein. Die darüber gelegten Holzplanken geben ein wenig Wärme ab, doch der Felsen darunter ist allgegenwärtig. Stark und unerschütterlich, aber auch schroff und kalt. In heißen Sommern bieten die Felsen Schutz vor der Sonne, vor unerträglicher Hitze. Dann genießen die Bewohner das Dunkle, Kühle und Schattige. Im Winter jedoch kriecht eine beängstigende Kälte durch das alte Haus am Meer. Wenn sich draußen die Wellen viele Meter hoch auftürmen und die Gischt der Brandung bedrohlich an die winzigen Fenster hämmert, dann lässt die Sehnsucht nach sommerlich warmer Unbeschwertheit nicht lange auf sich warten. Dann muss der betagte Kanonenofen zu seiner Höchstleistung auflaufen, muss geheizt und wieder geheizt werden. Doch es dauert eine Weile, bis die wohlige Wärme sich gleichmäßig in allen Räumen verteilt hat. Die Lachmöwen scheinen sich köstlich zu amüsieren, wenn sie hoch über dem Dach ihre Runden fliegen und ihre verächtlichen Laute von sich geben. Sie kümmert es nicht, ob das Wetter kalt und stürmisch ist oder angenehm mild. Manchmal frage ich mich, was die Möwen, wenn sie dazu die Fähigkeit besäßen, über das Haus in den Felsen denken würden. Ein Haus, von Menschenhand gebaut, mitten hinein gesetzt in die Natur, bis dahin unberührt. Aber aller Wahrscheinlichkeit nach stört das alles die Möwen nicht. Ihre einzige Sorge beschränkt sich wohl darauf, genügend Nahrung zu ergattern. Sie leben und überleben.

Doch auch die Menschen in dem kleinen Haus zwischen den Felsen wollen hier leben und überleben. Schon frühere Generationen hatten nichts anderes im Sinn. Geprägt von harter Feldarbeit bei rauem Klima schlugen sie sich durch. Manchmal nachts, wenn der Mond allmählich voller wird, bekommen die heutigen Bewohner das Besondere dieses Hauses zu spüren, dann scheinen die Granitbrocken alte Erinnerungen an die Menschen abzugeben. In solchen Nächten träumen sie von seltsamen Dingen und Ereignissen aus längst vergangenen Tagen.

Nellie wohnt seit ihrer Geburt im kleinen Haus am Meer. Vor einiger Zeit habe ich sie kennen gelernt und wir haben uns seither öfter getroffen und angefreundet. Sie erzählte mir, dass auch sie schon von seltsamen Träumen heimgesucht wurde und dass jeweils zur Vollmondzeit ein weiterer dazu kommt. Neugierig wollte ich alles von ihr wissen. Sie musste schmunzeln.

„Ich fange am besten mit einem meiner ersten Träume an, den ich schon vor langer Zeit hatte. Dir wird das Wasser im Munde zusammen laufen, denn ich konnte eine rundliche, betagte Köchin beobachten, die an diesem alten Küchenofen ein wunderbares Menü gezaubert hat."

Sie zeigte dabei auf ihr antikes Prachtstück von Ofen, das auch heute immer noch einwandfrei funktionierte und natürlich noch in Gebrauch war.

„Als ich am Morgen aufwachte, habe ich mir schnell alle Rezepte aufgeschrieben und später dann ausprobiert. Wirklich köstlich."

Gespannt hörte ich Nellie zu. Durch das kleine Fenster im hinteren Zimmer sah ich die Gischt an die Felsen spritzen und versetzte mich in eine Zeit, die ich nur aus Geschichtsbüchern kannte. Das Wasser, dachte ich in diesem Moment, spritzte schon damals an die Felsen, genau wie heute.

„Also, ich beobachtete eine ziemlich alte Frau, vielleicht eine meiner Urahnen, hier in dieser Küche. Sie bereitete ein Essen für sechs Personen zu. Ich glaube, es stand ein Fest an, denn das, was sie dann kochte, war bestimmt kein alltägliches Gericht. Als Vorspeise stellte sie eine große Platte mit Meeresfrüchten zusammen. Zuerst kochte sie den Hummer. Sein Gewicht prüfte sie mit ihrer Hand, ohne Waage. Das Gefühl und die Erfahrung reichten aus.

„Der hat ein gutes Kilo", sagte sie. Also füllte sie einen großen, schweren Topf mit drei Litern Meerwasser, goss einen halben Liter trockenen Weißwein dazu und ein Schnapsgläschen voll Cidreessig. Sie gab einen Teelöffel Zucker in den Topf und eine große, geviertelte Zwiebel und zu guter Letzt drei Prisen groben Pfeffer.

„Das gibt eine gute Brühe", sagte sie zufrieden und wischte ihre Hände an der langen weißen Schürze ab. Ihre kleinen Augen tränten ein wenig vom Zwiebelsaft. Das Feuer im Ofen loderte schon. Die alte Köchin stellte den Topf auf den Herd und wartete, bis das Wasser gut kochte. Dann gab sie den Hummer hinein und schloss schnell den Deckel. Der Hummer kochte fünfzehn Minuten. Sie nahm ihn mit einer Schöpfkelle aus der Brühe und legte ihn zum Abkühlen auf eine Platte. Nun kamen die Krebse an die Reihe. Sie legte einen nach dem anderen in dieselbe, wieder kochende Brühe und ließ sie zwanzig Minuten leise köcheln. In der Zwischenzeit wusch sie schwarzen Tang und dekorierte damit eine große Platte. In die Mitte kam der abgekühlte, gesäuberte und zerteilte Hummer, der beim Kochen eine wunderbare rote Farbe angenommen hatte. Nun waren die Krebse fertig. Mit einem Messer trennte die Frau den Panzer vom Körper, entfernte die kleinen grauen Kiemen, die Häute und den rosa Schaum und löste die Scheren ab. Dann reinigte sie den Panzer mit einer Bürste und Wasser, setzte die Krebse auf der Platte wieder zusammen, ordnete alles schön an und gab die orangerot gefärbten Panzer oben drauf. Das sah schon ziemlich beeindruckend aus, und ich bekam im Schlaf Appetit auf dieses köstliche Essen. Aber die Vorspeise war noch nicht fertig. Jetzt kamen die kleineren Meerestiere an die Reihe. Die Garnelen wurden in ein Leinensäckchen gesteckt und in der Brühe sechs Minuten gegart. Dann musste die Brühe noch ein letztes Mal für die Langustinen herhalten. Die waren ruck-zuck in zwei Minuten fertig. Als alles gut abgekühlt war, richtete die alte Köchin die Speisen ordentlich auf der Platte an. Nun fehlten nur noch die Muscheln und Seeigel, die roh gegessen werden. Die bewahrte die Frau in einem feuchten Tuch auf und öffnete sie erst kurz vor dem Essen. Sie nahm einen Stuhl und machte eine kleine Verschnaufpause. Ich schlief tief und fest, also verfolgte ich in meinem Traum auch noch die Zubereitung des Hauptganges. Es gab Seebarsch in Salz. Ich habe das Rezept wie gesagt bereits ausprobiert, und ich muss sagen, dieser Fisch schmeckt phantastisch. Man braucht einen Seebarsch von etwa 1500 Gramm, drei Kilogramm graues, grobes Salz, am besten aus Guérande, hundert Gramm Butter, drei hart gekochte Eier, ein paar Stängel Petersilie, ein Teelöffel Estragon, drei bis vier Knoblauchzehen sowie Pfeffer und Salz. Zuerst hat meine Traumköchin den Fisch von seinen Schuppen befreit, hat ihn ausgenommen und gewaschen. Aus den Eiern, der Petersilie, dem Estragon und dem Knoblauch hat sie eine feine Füllung zubereitet. Sie hat alles klein gehackt, gepfeffert und gesalzen und den Fisch damit gefüllt. Dann hat sie ganz sorgfältig die Bauchpartie zugenäht. Nun nahm sie einen Schmortopf und bedeckte ihn dick mit der Hälfte des groben Salzes. Darauf legte sie den Fisch und bedeckte ihn mit dem restlichen Salz. Der Seebarsch war nicht mehr zu sehen. Die alte Frau schob den Topf für eine gute halbe Stunde in den heißen Backofen, und als sie ihn heraus nahm, stürzte sie ihn auf ein dickes Holzbrett. Sofort begann sie, mit einem Holzhammer auf dem Boden des Topfes herum zu schlagen, und der Salzblock plumpste herunter. Dann klopfte sie den Rest des Salzes ab, und zum Vorschein kam ein gut gegarter Fisch. Zuerst habe ich gedacht, der muss ja furchtbar salzig schmecken, aber das stimmte nicht. Er schmeckte vorzüglich."

Ich war ganz sicher, das würde ich bei nächster Gelegenheit ausprobieren.

„Hast du auch gesehen, wie die Gäste gegessen haben?", fragte ich Nellie.

„Nein, der Traum war plötzlich zu Ende. Irgendwann muss man ja auch mal aufwachen."

Schade, dass ich jetzt kein Rezept für einen leckeren bretonischen Nachtisch bekomme, dachte ich.

Dann erzählte mir Nellie einen weiteren Traum. Dabei ging es jedoch nicht ums Essen. Sie selbst war die Hauptperson der Handlung, und sie fühlte sich in jener Nacht wie eine Schauspielerin in einem Theaterstück.

„Ich saß auf einem gepolsterten Hocker vor dem Spiegelschrank und bürstete mein Haar", erzählte sie. „Es war auch in meinem Traum so lang und lockig, wie ich es heute trage. Mein Gewand hatte ich schon angelegt, ein sandfarbenes, langes Kleid mit grünen Einsätzen an den Seitennähten. An den Ärmeln waren feine Verzierungen aus zarten Goldfäden aufgestickt, und von der Taille bis zum Ausschnitt konnte man durch rote Schnüre die Weite variieren. Es war ein wunderschönes Gewand, und in meinem Traum liebte ich es sehr. Es stand mir verflixt gut, ich sah einfach toll darin aus. Zufrieden betrachtete ich mich von allen Seiten. Dann nahm ich meine Puderdose zur Hand und puderte mein Gesicht. Alle kleinen Hautunreinheiten sollten unsichtbar werden. Ich erwartete nämlich Enogad, meinen Verehrer, der mich zum Faîte de Bruyére abholen würde, ein Heidefest, das auch heute noch jedes Jahr am zweiten Sonntag im August gefeiert wird. Für ihn machte ich mich schön. Ich hoffte, er würde mir heute Nacht endlich die ersehnte Frage stellen. Ja, ich wollte seine Frau werden und mein Leben mit ihm teilen. Ich würde ihm Kinder schenken und ihm ein wohnliches, gemütliches Heim bieten. Doch eine Bedingung musste ich Enogad stellen: Er musste bereit sein, in mein Haus einzuziehen. Hier in dieses kleine Felsenhaus am Meer, mein Geburtshaus und das Geburtshaus meiner Mutter, meiner Großmutter und meiner Urgroßmutter. Seit dieses Haus besteht, war es in der Hand der Frauen geblieben, das spürte ich in dieser Nacht sehr deutlich. Eine seltsame Tradition, doch niemand hatte je versucht daraus auszubrechen. Nun, ich war mir meiner Sache sehr sicher. Enogad liebte mich, ich liebte ihn, also, was sollte schon schief gehen?

Als es an der Tür klopfte, sprang ich auf und öffnete meinem Geliebten. Er nahm mich gleich bei der Hand und verbeugte sich tief vor mir.

„Wie wunderbar Ihr aussehet", sagte er zu mir. „Dieses Gewand lässt Eure Schönheit in ganz besonderer Weise zur Geltung kommen."

Ich lächelte ihn verlegen an und freute mich über sein Kompliment. Im Traum kam mir seine komische Sprache ganz normal vor. Erst als ich aufwachte fiel mir auf, wie seltsam das alles geklungen hatte. Und wie altmodisch sein Name war. Uralt bretonisch. In der heutigen Zeit würde er sicher Eduard heißen. Jedenfalls freute ich mich auf das Fest. Plötzlich fröstelte Enogad und sah sich unruhig um.

„Lasst uns gehen, ich fühle mich nicht recht wohl hier in diesem Haus", sagte er.

Ich erschrak. „Das bildet Ihr Euch sicher nur ein", rief ich. „Dieses Haus ist seit vielen Generationen in unserem Besitz. Es ist ein wunderbares Haus. Klein zwar und nicht besonders anspruchsvoll eingerichtet, aber ein wohliges, gemütliches Heim."

Enogad schaute mich unruhig an und bat mich, ihn nun endlich zum Fest zu begleiten. Seine Füße kribbelten, seine Kopfhaut begann zu jucken und seine Augen tränten.

Ich hatte irgendwie das seltsame Gefühl, das Haus mochte ihn nicht. Es war nicht einladend. Es wies ihn ab.

Wir tanzten und amüsierten uns auf dem Fest. Viele Leute waren gekommen, tranken Met und lauschten den Klängen der Schalmei und des Dudelsacks. Ich lachte und scherzte und wartete insgeheim auf die alles entscheidende Frage, doch Enogad trank zu viel und wurde plötzlich unangenehm laut. Er trat mir beim Tanzen ständig auf die Füße, rempelte andere Paare an und wurde zunehmend unfreundlich und robust. Er verdarb mir die ganze Lust an dem schönen, rauschenden Fest, und ich bat ihn schließlich, mich nach Hause zu begleiten. Er verbeugte sich etwas wackelig, bot mir seinen Arm und torkelte mit mir im Schlepptau von der Festwiese. Wir nahmen nicht den direkten Weg. Enogad führte mich einen kleinen Pfad entlang, an dessen Ende die Spitze eines schroffen Felsens lag. Wir beide kannten die Gefahren dieser Stelle, doch der Alkohol hatte Edogads Sinne zu sehr vernebelt, als dass er sich darauf besonnen hätte. Er kletterte den Felsen hinauf, ächzte und stöhnte unter der Anstrengung, und ich rief ihm zu, er solle herunter kommen und keine Dummheiten machen. Doch, wie das im Traum eben so ist, verhallte meine Stimme wie ein leises Echo in der Weite des Meeres.

„Wollt Ihr Euer Leben mit mir teilen?", fragte er mich dann ganz unvermittelt, als er auf der Felsenspitze stand.

„Ja, das will ich, Geliebter", rief ich glücklich in den Nachtwind.

„Dann verlasst Euer Haus und kommt mit mir."

Als er nach diesen Worten meinen entsetzten Gesichtsausdruck sah, verlor er das Gleichgewicht und stürzte rückwärts die Klippe hinunter. Ich schrie auf und lief so schnell ich konnte zur Felsenspitze. Meine Beine wollten sich aber kaum vorwärts bewegen, schienen gelähmt zu sein, und dementsprechend lange dauerte es, bis ich endlich oben angekommen war. Vorsichtig lugte ich hinunter, eine Hand fest an den Granit gepresst, und musste hilflos zusehen, wie Enogad auf dem harten Gesteinsbrocken am Fuße des Felsens lag, auf den er aufgeprallt war. Dann umspülte die Brandung seinen leblosen Körper und ließ ihn wieder und wieder an den harten, kalten Felsen stoßen. Ich hielt mich krampfhaft fest und wollte meinen Sinnen nicht trauen. Der Mann, den ich so liebte, war tot. Sein Körper trieb bewegungslos im Wasser. Ich hatte ihn verloren.

In diesem Moment bin ich schließlich schweißgebadet aufgewacht. Ein Glück. Ich saß kerzengerade in meinem Bett und war total aufgedreht."

Nellie schauderte, als sie am Ende ihres schrecklichen Traumes angelangt war und die Bilder des Absturzes noch einmal vor sich sah.

„Ob ich da ein echtes Ereignis aus früherer Zeit geträumt habe?", fragte sie mich. „Ich hatte tatsächlich das Gefühl, das Haus habe diesen Enogad vertrieben. Es hat ihn nicht gewollt und hat ihn getötet. Ist das nicht seltsam?"

Ja, das war allerdings seltsam. Und genau das ist das Besondere an diesem kleinen Haus am Meer. Die Steine erzählen den Menschen von früheren Zeiten, lassen sie an den Ereignissen der Vergangenheit auf ihre Weise teilhaben. Wie viele Träume werden die alten Steine ihren Bewohnern noch schicken? Werden sie die Geschichte in allen Einzelheiten im Schlaf noch einmal erleben? Hat das Haus in vergangenen Zeiten wirklich Einfluss darauf genommen, wer sich zu seinen Bewohnern zählen durfte und wer nicht? Und nimmt es vielleicht auch heute noch Einfluss darauf?

Vielleicht wird Nellie sich ja eines Tages an ihren Traum erinnern, wenn sie ihren Freund zum ersten Mal in ihr Haus einlädt. Wie ich sie einschätze, wird sie ihr Menü dann mit den leckeren Rezepten ihrer Urahne zubereiten. Das wird die alten Steine gnädig stimmen. Und ganz sicher wird sie der Tradition gerecht werden, das kleine alte Haus am Meer später einmal ihren Töchtern zu vermachen.

Erscheinung im Nebel

„Das richtige Wetter für den ersten Urlaubstag", dachte ich, während ich mit meinem Kombi in die schmale Straße Richtung Audierne einbog. Ich hatte wieder mal einen dieser typischen bretonischen Nieselwettertage erwischt. Der Himmel grau in grau verhangen, nicht der winzigste Sonnenstrahl gelangte durch die dichte Wolkendecke. Doch es störte mich nicht wirklich, denn ich hatte schon oft genug miterlebt, wie sich das Wetter hier in dieser Gegend wahrhaftig in Windeseile veränderte, ich war ja nicht zum ersten Mal hier. Aber ich war zum ersten Mal alleine hier, ohne Max. Doch darüber wollte ich in diesem Augenblick gar nicht erst nachdenken. Ich wollte Urlaub machen, abschalten vom Stress der letzten Monate. Abschalten von Zorn und Streit. Hier würde ich wieder zu mir selbst finden, hier am Meer. Wenn ich nur daran dachte, gleich heute Abend an den Strand zu gehen, den Sand unter meinen Füßen zu spüren, das Wasser zu fühlen, wenn es sich um meine Zehen kräuselte, dann konnte ich das Meer schon riechen. Ja, es roch, nein, es duftete nach Algen, nach Muscheln, nach Salz.

Ich schloss die Augen und wollte mich schon ganz diesem unwiderstehlichen Reiz ergeben, doch die holprige Straße holte mich jäh in die Realität zurück. Sie erinnerte mich daran, dass ich erst noch eine Strecke fahren musste, bevor ich am Ziel war. Ich freute mich auf meinen Urlaub. Ich hatte ihn verdient. Ich würde jeden Tag, jede Stunde in vollen Zügen genießen, das nahm ich mir fest vor. Und Max würde ich aus meinem Gedächtnis streichen, das wäre doch gelacht. Ein Transparent war in Plozévet quer über die Straße gespannt. „Fest-noz" war darauf zu lesen und kündigte eines der traditionellen Trachtenfeste an, die im Sommer hier fast jede Woche stattfinden. Ich nahm mir vor hinzugehen. Sicher würde ich ein paar alte Bekannte treffen.

Noch eine halbe Stunde Weg lag vor mir. Blühende Hortensienbüsche in leuchtendem Rosa und Hellblau säumten die Straßenränder. Margeriten und verschiedenfarbige Rosen schmückten die schlichten Fischerhäuser aus Granit, und fast jede Hecke war mit winzigen, strahlend roten, blauen oder gelben Blüten besetzt. Max hatte sich jedes Mal darüber lustig gemacht, wenn ich ihn auf die Blütenpracht aufmerksam machte und ins Schwärmen geriet. Doch jetzt war er nicht hier, und ich kurbelte das Fenster herunter, um den betörenden Duft einzuatmen. Max hatte keinen Draht zur Natur. Würde unseren Garten am liebsten asphaltieren und als Abstellplatz für sein Auto nutzen.

Endlich erreichte ich die Hafenstadt Audierne. Nur noch den Hügel hinunter, dann würde ich die weißen Segelyachten sehen, die im Hafen lagen. Wie ein kleines Kind fieberte ich diesem Moment entgegen, und ich war wie immer überwältigt von dem Anblick, der sich mir dort bot. Das Hotel „Goyen" spiegelte sich im glatten Wasser, die Masten der Yachten bewegten sich leicht im Wind und die festgelegten Motorboote schaukelten spielerisch in Reih und Glied. Der penetrante, aber würzige Geruch von Algen und Muscheln stieg mir in die Nase, als ich an der Kaimauer entlang fuhr. Am liebsten wäre ich ausgestiegen, hätte laut geschrien: „Hier bin ich!", doch ich fuhr weiter, passierte den Kreisverkehr Richtung Pointe du Raz. Elf Stunden war ich bereits unterwegs, elf Stunden Sehnsucht nach diesem Flecken Erde hatten mich begleitet. Jetzt war ich endlich dort, wo es mich hinzog, wo ich mich wohl fühlte. Nach weiteren zwanzig Minuten erreichte ich mein Domizil für die nächsten vier Wochen. In Plogoff hatte ich ein Haus gemietet, ein typisch bretonisches Granithaus, in dem wir schon einige Male unseren Urlaub verbracht hatten. Im Schritttempo fuhr ich die letzten Meter bis vors Haus.

„Geschafft", seufzte ich, zog die Handbremse an und drehte den Zündschlüssel herum. Einen kurzen Augenblick blieb ich noch sitzen, ehe ich aus dem Wagen stieg. Meine Knochen knackten, als ich mich streckte, und mein ganzer Körper fühlte sich steif und zerbrechlich an. Ich gähnte laut und bewegte kreisend meine Schultern. Ich musste zugeben, dass ich erschöpft war von der langen Reise. Früher waren Max und ich abwechselnd gefahren, doch dieses Mal musste ich die gesamte Strecke alleine bewältigen. Aber ich hatte es geschafft. Gedankenversunken warf ich einen Blick auf das kleine graue Gebäude. Der Anblick war mir so vertraut. Vor dem Haus wuchsen weiße Hortensien, wild und buschig. Dicke runde Steine schmückten als Beeteinfassung die Ränder. Ich ging ein paar Schritte auf die niedrige Haustür zu. Der Schlüssel steckte, Madame Guillau erwartete mich ja. Nun, eigentlich erwartete sie uns beide, aber es ging niemanden etwas an, warum Max mich in diesem Jahr nicht begleitete. Ich schloss auf, betrat den Flur und atmete genüsslich den etwas modrigen, an feuchte Keller erinnernden Geruch ein. Ich schaute mich in den Räumen um und stellte mit Genugtuung fest, dass alles so geblieben war wie im letzten Jahr. Nichts hatte sich verändert, und ich nickte zufrieden. Die große Standuhr, deren reich verziertes Messingpendel sich gleichmäßig hin und her bewegte und den Raum mit einem beruhigenden, dunklen Ticken füllte, schlug in diesem Augenblick die volle Stunde.

„Das gute Stück funktioniert also auch noch", dachte ich und streichelte liebevoll das alte Holz.

Es klopfte. Madame Guillau stand in der Tür und begrüßte mich überschwänglich.

„Ah, Madame, Sie sind angekommen. Hatten Sie eine angenehme Fahrt?"

Sie drückte mir abwechselnd links und rechts vier Küsschen auf die Wange.

„Hallo, Madame Guillau, wie geht es Ihnen?", antwortete ich, während ich die Begrüßungszeremonie erwiderte. „Ich bin die ganze Nacht gefahren und ganz schön müde."

„Aber ist Monsieur nicht mitgekommen?", fragte sie und hielt neugierig Ausschau nach Max.

„Nein, ich bin dieses Jahr alleine hier." Das war alles, was ich zu diesem Thema zu sagen hatte, obwohl Madame Guillau sicher zu gerne die näheren Umstände unserer Trennung erfahren hätte. Ein wenig verlegen zupfte sie an ihren Lockenwicklern, strich ihren alten Kittel glatt und meinte:

„Nun ruhen Sie sich erst einmal aus, Madame. Und kommen Sie doch anschließend auf einen Café zu uns herüber. Wir freuen uns, dass Sie wieder hier sind."

Und mit diesen Worten drehte sie sich um und verschwand.

Ich kümmerte mich um mein Gepäck, und als ich alles nach oben gebracht und im Schrank verstaut hatte, bezog ich mein Bett. Versonnen stand ich eine Weile davor und betrachtete es. Zum ersten Mal würde ich alleine in diesem Bett schlafen, ohne Max. „Ob er jetzt an mich denkt?", fragte ich mich.

Doch dann wandte ich mich ab, suchte mir frische Sachen zum Anziehen heraus und stellte mich unter die Dusche. Der Wasserstrahl war nicht gerade üppig, doch erfrischte die Dusche nach der langen Autofahrt ganz herrlich. Ich sang „Strangers in the night" und begann mich zu entspannen. Ich wusch den Schweiß der letzten zwölf Stunden von meinem Körper und spürte, dass ich mich langsam aber sicher regenerierte. Zum Schluss drehte ich den Hebel auf „kalt" und erfrischte mich mit dem eisigen Wasserstrahl. Ich freute mich schon auf mein erstes Bad im Meer.

Die erste Woche verging wie im Flug. Ich fuhr täglich einmal zum Strand, um einen erfrischenden Sprung in die Wellen zu wagen. Ich wanderte kilometerweit an der Küste entlang, auf ehemaligen Zollwegen, und stellte mir vor, wie früher hier die Piraten versucht hatten, ihr Diebesgut in Sicherheit zu bringen. Ich genoss die reine Luft, die unverbaute Aussicht auf den Atlantik und den Gedanken, dort hinten müsse irgendwo Amerika beginnen. Ich erfreute mich an der Natur, an den Pflanzen, die an der Steilküste wuchsen und sich trotz Salzwasser und Sturm behaupteten. Sie waren zäh und widerstandsfähig, und ich bewunderte und bestaunte sie. Ich wollte ihnen nacheifern, wollte mir ein Beispiel an ihnen nehmen und genau so hart und widerstandsfähig sein. Immer wieder musste ich an Max denken. Obwohl ich es mir jeden Morgen aufs Neue vornahm, gelang es mir nicht, ihn aus meinen Gedanken und somit aus meinem Urlaub zu verdrängen. Er war stärker, und das war er schon immer gewesen. Seit wir uns kannten, hatte er in unserer Beziehung das Wort. Ich will nicht sagen, dass er mich beherrschte, aber er beherrschte mein Leben. Und obwohl ich den Schritt in eine Trennung gewagt hatte, verfolgte Max mich auf jedem Zentimeter. Manchmal konnte ich ihn erfolgreich abschütteln, besonders, wenn ich mit Freunden zusammen war. Dann redeten wir stundenlang, ohne auch nur ein Sterbenswörtchen über ihn zu verlieren. Doch war ich anschließend wieder allein im Haus, zwängte er sich erneut wie automatisch in mein Gehirn, legte sich wie ein schweres Gitter auf meine Seele. Wie sollte ich die Gedanken an ihn nur los werden? Immerhin war ich in die Ferien gefahren, um Abstand von unserer Ehe zu nehmen, um auf andere Gedanken zu kommen, um abzuschalten. Doch genau das Gegenteil passierte, und nach der zweiten Woche wusste ich, je stärker ich mir befahl, nicht an Max zu denken, desto stärker hämmerte er sich in meinen Kopf. Also war ich gezwungen die Taktik zu ändern. Ich nahm mir morgens vor, ständig an ihn zu denken, auf Schritt und Tritt seine Gesichtszüge vor meinen Augen erscheinen zu lassen. Doch auch dieser Versuch schlug fehl. Ich fuhr mit den Fischern aus, um die Netze einzuholen, und ständig beherrschte Max meine Gedanken. Ich kletterte mit Freunden auf einen Felsvorsprung um zu angeln, doch anstatt auf anbeißende Fische zu achten, sah ich Max und fragte mich, wie es ihm wohl ergehen würde ohne mich. Ich lud ein befreundetes Ehepaar zum Essen ein, und was tat ich? Ich dachte an Max. Dabei hatte ich mir solche Mühe mit dem Essen gegeben. Doch Max wurde ich nicht los. Ich wurde ihn einfach nicht los. War ich auf dem besten Weg verrückt zu werden? Sollte das für den Rest meines Lebens so weiter gehen? Diese Möglichkeit wollte und konnte ich nicht akzeptieren.

Als meine letzte Ferienwoche begann, drehte der Wind und das Wetter änderte sich wieder. In der Nacht trommelte der Regen gegen die kleinen Fensterscheiben, und die Regenrinne konnte die Wassermassen nicht mehr auffangen. Das Wasser platschte nur so vom Himmel, und ich war froh, im gemütlichen, warmen Bett zu liegen. Natürlich waren meine Gedanken bei Max. Noch heftiger prasselten die Regentropfen nun an das Fensterglas, und der Sturm heulte um die Hausecke. Ich stand auf und wollte hinaus sehen. Die Baumkronen beugten sich weit über im Wind und gespenstisch bewegte sich das Gartentor. Es knarrte und schlug immer wieder gegen die Mauer. Ich würde noch lange Zeit keinen Schlaf finden in dieser Nacht.

Die folgenden Tage zeigten sich diesig und nebelig. Für mich war das allerdings kein Grund, meine kostbare Zeit nur noch im Haus zu verbringen. Es war seltsam, doch der Nebel wirkte auf mich wie ein Sog. Ich fuhr zum Hafen Vorlenn, parkte mein Auto und ging langsam und vorsichtig auf die Küste zu. Der Weg war kaum zu erkennen, doch hörte ich am Geräusch meiner Schritte, dass ich mich auf steinigem Boden befand. Also tasteten sich meine Füße Stück für Stück weiter. Ich musste die Klippen bald erreicht haben. Es war seltsam windstill an diesem Tag, und der Nebel lag auf dem Land wie ein riesiges Leintuch. Lächerlich, dachte ich, als mir etwas schummrig zumute wurde und ich leicht fröstelte. Und plötzlich hörte ich Max´ Stimme:

„Hallo Schatz."

Ich drehte mich ruckartig um, starr vor Schreck. Der dichte Nebelschleier jedoch verhinderte jegliche Sicht.

Und wieder: „Schatz, Schatz, Schatz!"

Hörte ich richtig oder war ich wirklich schon verrückt? Unmöglich, Max konnte es nicht sein. Oder doch? Ich musste hier weg, raus aus dem Nebel. Doch er umhüllte mich, netzte mich ein, und ich hatte keine Möglichkeit ihm schnell zu entrinnen.

Wenn Max mich „Schatz" nannte, stimmte etwas nicht. Entweder wollte er dann etwas von mir oder er fühlte sich von meiner Gegenwart fürchterlich gelangweilt. Ich hoffte auf die zweite Möglichkeit. Ich erinnerte mich daran, wie oft wir im Auto gesessen hatten, er am Steuer und ich auf dem Beifahrersitz. Sobald ich eine Unterhaltung begann, seufzte er unüberhörbar, kurbelte das Fenster weiter herunter oder stellte das Radio lauter. Dann sagte er: „Ja, Schatz, das hast du nun schon hundert Mal erzählt." Manchmal, wenn ich einen interessanten Artikel in der Zeitung gelesen hatte, wollte ich Max davon erzählen. Er aber seufzte nur und sagte: „Schatz." Ich langweilte ihn, und er nervte mich.

Doch ich hörte dieses Wort jetzt und hier. Ich musste versuchen, etwas zu sehen. Waren da nicht Umrisse einer menschlichen Gestalt? Sollte Max mir tatsächlich gefolgt sein und mich heute zufällig hier suchen, an dieser Stelle? Wir waren zusammen sehr oft hier gewesen, genau hier an diesen Klippen.

„Max?", fragte ich zaghaft. „Max, bist du das?"

Ich spähte angestrengt in alle Richtungen, doch ich konnte ihn nicht entdecken. Plötzlich hörte ich Schritte näher kommen. Mein Herz klopfte heftig.

„Hau ab und lass mich endlich in Ruhe!", schrie ich aus Leibeskräften.

„Alles in Ordnung?", fragte im nächsten Augenblick eine raue Männerstimme. Wie aus dem Nichts tauchte ein Gesicht vor mir auf.

„Ist mit Ihnen alles okay?", wiederholte er eindringlich. Ein Fischer, der trotz Nebel seine Netze oder die Reusen überprüft hatte.

„Ja, alles in Ordnung", stammelte ich und sah den Fremden wohl ziemlich verstört an.

„Es ist gefährlich hier bei diesem dichten Nebel", sagte er freundlich. „Und manche Leute erzählen, hier wäre ihnen schon der leibhaftige Teufel erschienen."

Ich musste husten und dachte an Max.

„Also, passen Sie lieber auf, Madame", riet mir der Mann und setzte dann seinen Weg fort.

Der leibhaftige Teufel. So ein Unsinn, dachte ich. Doch wieso hatte ich die Stimme meines Mannes so deutlich gehört? Ich schauderte, drehte mich um und machte mich so rasch wie eben möglich auf den Weg zu meinem Auto. Ich ertastete es nach einigen Fehlversuchen, stieg ein und verschloss schnell die Tür. Ich vergewisserte mich, ob auch niemand auf dem Beifahrersitz Platz genommen hatte – man kann ja nie wissen – und fuhr endlich los. Je weiter ich mich von der Küste entfernte, desto lichter wurde der Nebel und desto verschwommener wurden die Bilder von Max.

In der darauffolgenden Nacht klarte der Himmel auf und die Sterne wurden sichtbar. Die Ereignisse hatten mich in den letzten Stunden nicht los gelassen. Seltsam, was man sich hier im Nebel alles einbilden kann, dachte ich kopfschüttelnd. Der Schreck saß mir noch recht tief in den Knochen. Von den Einheimischen hier hatte ich schon oft schaurige Geschichten über den Hafen von Vorlenn gehört. Manchen waren dort in den aufsteigenden Nebelschwaden liebe Verstorbene erschienen, andere hatten die Glocken von Ville d'Ys gehört, der versunkenen Stadt aus der Sage des König Gradlon. Na ja, und vom Teufel persönlich hatte der alte Fischer gestern sogar gesprochen. Ich wusste nicht recht, ob ich es eher als lächerlich oder beängstigend einstufen sollte. Unwillkürlich fröstelte ich. Vielleicht hatte das seltsame Nebelerlebnis tatsächlich eine Bedeutung, wer weiß.

Ich öffnete das Fenster und sog gierig die salzige Meerluft ein. Ich wünschte mir, ein vollkommen neues Leben anzufangen. Ein Leben ohne Max, ohne Streit, ohne Stress. Ohne Schatz. Ich blickte hinauf in den schwarzen Himmel, und im selben Augenblick fiel eine Sternschnuppe herab, ganz allein für mich.

Rezept für ein leichtes Champignon-Muschel-Gericht als Vorspeise

Für drei Personen nimmt man ein halbes Pfund frische Champignons und brät sie mit zwei Schalotten und einer Knoblauchzehe in etwas Salzbutter schön braun an. Eine halbe, in feine Ringe geschnittene Stange Lauch dazu geben und alles ein paar Minuten weiter braten. Mit einem guten Schuss Cidre löscht man das Gemüse ab. Dann kommen sechs halbierte Jakobsmuscheln dazu und natürlich Pfeffer und Salz. Nach weiteren fünf Minuten, es riecht dann schon ganz herrlich, ist die Vorspeise fast fertig. Was nur noch fehlt, ist eine kleine Haube Creme fraîche auf jeder Portion.

Als Hauptspeise ein frisches Lachsfilet

Ich wasche den Fisch, beträufele ihn mit Zitronensaft und reibe ihn mit Meersalz (und eventuell etwas Fischgewürz) ein. Dann lege ich ihn in eine mit Salzbutter eingefettete Kasserolle, belege ihn komplett mit Tomatenscheiben, streue Petersilie darüber und schiebe ihn in den 200 Grad heißen Backofen. Schon nach fünfzehn Minuten ist der Lachs verzehrbereit. Dazu passt knuspriges Baguette, Salzbutter und ein gemischter Salat.

Sterne über Poullou C'Hou

Die Sterne am nächtlichen Himmel über Poullou C'Hou sind nicht wie andere Sterne. Es sind weder die gleichen Gestirne noch dieselben, die man auch an anderen Orten der Welt sehen kann. Nein, das sind ganz besondere Sterne, die Sterne über Poullou C'Hou, es sind meine Sterne. Meine ganz speziellen, meine ganz eigenen Sterne. Sie geben mir Kraft, sie bringen mir Glück, sie lassen mich Hoffnung und Zuversicht spüren. Sie spenden mir Trost, sie beinhalten meine Erinnerungen. Das Licht, das sie mir senden, durchdringt jegliche Finsternis. Ich glaube, es könnte sogar die Hölle erleuchten. Wenn ich meine Sterne betrachte, geschehen seltsame Dinge mit mir. Erwische ich einen Glücksstern, so fühle ich plötzlich alle glücklichen Augenblicke meines Lebens noch einmal. Geballtes Glück. Die kindliche Freude über ein Geschenk, eine Überraschung, ein von meiner Mutter vorgelesenes Märchen aus dem „Bunten Buch", das Glücksgefühl der ersten Liebe, das Glück, ein Kind geboren zu haben und so unendlich viel Liebe für dieses kleine Wesen zu empfinden. Das Glück, sich gesund zu fühlen, frei von Sorgen zu sein. Alle diese Gefühle gebündelt noch einmal spüren zu können, verdanke ich meinem Stern.

Manchmal blinkt mich ein Stern an, der mir Kraft verleiht. Er scheint genau zu wissen, wann ich ihn brauche, scheint über mein Bedürfnis, bei ihm auftanken zu wollen, bestens im Bilde zu sein. Wenn er mir sein weißblaues, intensives Licht schickt, erreicht mich seine innere Kraft. Dann durchströmt eine energiegeladene Welle meinen Körper, und mein Geist saugt neue Kräfte auf wie ein ausgetrockneter Schwamm. Voller neuer Lebenslust und mit gestärktem Selbstbewusstsein kann ich die kommenden Wochen auf mich zukommen lassen. Voller Kraft und Zuversicht kann ich nun auf alles zusteuern, was das Leben sich für mich ausgedacht hat. Ein gutes Gefühl, und ich verdanke es meinem Stern.

Mein Troststern hat mir schon viele Male bei der Verarbeitung trauriger Anlässe beigestanden. Auch er spürt, wann ich seine Hilfe brauche. Er sendet sein Licht, unaufdringlich, aber spürbar, und trauert mit mir. Trauer ist ein Teil des Lebens genau wie ihre Überwindung, ich weiß. Mein Stern steht mir bei, nicht an der Trauer zu ersticken, ihr nicht hilflos ausgeliefert zu sein. Einmal glaubte ich, keinen Ausweg mehr zu finden, keinen Neuanfang zu sehen, weil ein geliebter Mensch gestorben war. Kein irdisches Wesen konnte mir helfen, doch als ich mich selber schon fast aufgegeben hatte, blinzelte mein Stern zu mir herab. Er stand genau über mir und spendete mir Trost. Dieser Stern, das spürte ich damals ganz deutlich, hatte mich in dieser Nacht auserwählt.

Ich habe auch einen Erinnerungsstern. Wenn ich das Bedürfnis habe, mich an Geschehnisse vergangener Zeiten zu erinnern, strahlt er in ganz besonderer Intensität. Ich brauche ihn nur für eine kurze Zeit zu betrachten, schon sehe ich eine Vielzahl lustiger, interessanter, fröhlicher Ereignisse vor meinem geistigen Auge vorbei ziehen. Ich suche mir dann immer gleich ein gemütliches Plätzchen, im Sommer draußen am Feuer, im Winter im warmen Wohnzimmer neben dem Kamin, und stelle mich auf eine lange Nacht der Erinnerungen ein. Ich brauche dafür kein Fotoalbum aufzuschlagen und keine Videofilme aus früheren Jahren anzusehen. Die Bilder in meinem Kopf entstehen von ganz alleine.

Einmal stieg die Erinnerung an einen Tag am Pointe du Raz in mir hoch. Es war ein wunderschöner Oktobertag. Die Heide blühte immer noch lila, und vereinzelt waren auch noch ein paar sommerlich gelbe Tupfen zu sehen. Der Ginster verwelkte allmählich, aber einige Blüten hielten sich an geschützten Stellen sogar bis weit in die Wintermonate. Ich hatte mir vorgenommen, die Klippen vorne an der Spitze des Pointe du Raz so weit wie möglich hinunter zu klettern. Der Anblick der Schluchten mit dem allgegenwärtigen Brausen und Tosen der Brandung faszinierte mich immer wieder aufs Neue. In meiner Erinnerung hörte ich die Wellen an die Felsen klatschen, ich roch das salzige Meer, vernahm die aufgeregten Schreie der Möwen. Ich wollte dieses Mal ein Stückchen weiter gehen als bei meinem letzten Versuch. Ein guter Freund hatte davon geschwärmt, wie unbeschreiblich eindrucksvoll die Landschaft ganz vorne an der Felsenspitze sein soll. Aber ich hatte mich noch nie besonders weit vor gewagt. Ich zollte den schroffen Felsen Respekt. Manche Menschen suchen die Gefahr, brauchen diesen speziellen, mir absolut unverständlichen Kick beim Überqueren der spitzen und steilen Felsbrocken. Ein falscher Tritt, und man stürzt in die Tiefe. Bis zur Plattform wollte ich es an besagtem Tag aber auch einmal schaffen, bis zu der Stelle also, an der ich mich ausruhen und den ungestörten Blick nach allen Seiten genießen konnte. Ich war gut ausgerüstet mit Wanderschuhen, Regenjacke und Rucksack mit Proviant. Vorsichtig bezwang ich den ersten Felsen, und auch der zweite und dritte bereitete mir keinerlei Schwierigkeiten. Dann baute sich vor mir die erste, etwas gefährlicher wirkende Wand auf. Dicke Seile zum Festhalten waren an einigen Stellen angebracht worden. Ein Vater mit einem Kleinkind, das für mein Empfinden recht wackelig im Rückentragesitz saß, kam mir an dieser Stelle entgegen und grüßte freundlich. Ein Verrückter, dachte ich, der sein Kind einer solchen Gefahr aussetzt. Ich ging weiter, konzentrierte mich voll und ganz auf den Weg, begutachtete jeden einzelnen Stein auf seine Festigkeit und hangelte mich schließlich Stück für Stück nach oben. Noch solch ein steiler Felsen und eine tiefe, schwarze Schlucht trennten mich von meinem Etappenziel. Ich zwang mich, nicht zu lange in die Tiefe zu schauen und hielt mich beim Weiterklettern eisern am Sicherheitstau fest. Ich traute es mir zu, diese Plattform zu erreichen, und schließlich schaffte ich es auch. Mächtig stolz stellte ich mich auf den großen, flachen Stein und betrachtete das Meer ringsum. Vor mir, in einiger Entfernung noch, ragte der Leuchtturm La Vieille aus dem Wasser, fest verankert auf seinem unerschütterlichen Felsen. Etwas weiter dahinter La Plate, der kleinere der beiden, gelb mit schwarzen Streifen. Ich machte es mir auf der Plattform gemütlich und genoss diese Aussicht in vollen Zügen. Ich schloss meine Augen und ließ eine Zeitlang nur noch das Tosen des Meeres auf mich wirken. Der Wind sauste um meine Ohren, und ich spürte eine intensive Verbundenheit mit dieser so urtümlichen, kraftvollen Natur.

Das Leben kann so schön sein, dachte ich und packte meinen Proviant aus, denn mein Magen meldete sich nach dieser Kletterpartie vehement. Ich hatte frisches Dinkelbrot mitgenommen, das ich am Abend vorher gebacken hatte. Ich aß drei gut belegte Scheiben, trank dazu zwei Tassen Kaffee aus meiner Thermoskanne und war rundherum zufrieden und glücklich. Satt und müde räkelte ich mich, machte es mir auf der Plattform so gut es ging gemütlich und hatte den Wunsch, diesen Augenblick endlos auszudehnen und mein Glücksgefühl für immer auszukosten.

Ich konnte mich nicht genau erinnern, wie lange ich so da gesessen hatte, aber auf einmal spürte ich eine seltsame, unangenehme Kühle an mir hoch steigen. Die Sonne hatte sich verzogen, und eine dicke, undurchdringliche Nebelwand hatte sich urplötzlich vor der Spitze des Pointe du Raz her aufgebaut. Die beiden Leuchttürme hatte der Nebel bereits verschluckt, und auch die Felsenspitze war schon nicht mehr zu sehen. Voller Panik sprang ich auf, kramte meine Jacke aus dem Rucksack und zog sie an. Es war bereits empfindlich kalt geworden. Ich musste zurück, und ich hatte Angst. Schnell packte ich meine Sachen zusammen und machte mich bereit für den Rückweg. Vorsichtig tastete ich mich am Felsen entlang, setzte langsam einen Fuß vor den anderen. Ich musste die Seile finden, musste mich festhalten, durfte keinen Fehler begehen. Mir war bewusst, dass der kleinste Fehltritt unten in einer der höllischen Schluchten enden konnte. Niemand würde mich da so schnell entdecken, wenn überhaupt. Der Nebel machte mir arg zu schaffen. Mein Herz raste. Immer wieder blieb ich stehen, vergewisserte mich, dass meine Füße festen Halt hatten, meine Hände sich in die richtige Richtung vor arbeiteten. Keine Menschenseele schien mehr hier zu sein. Niemand, dem ich mich hätte anschließen können. Niemand, der mir hätte helfen können. Ich war auf mich ganz alleine angewiesen. Vom Meer her klang tiefdunkel ein Nebelhorn zu mir herüber. Ein unheimlicher, durchdringender Ton. Wäre ich damals abgestürzt, hätte ich das Schicksal mit vielen anderen unvorsichtigen und leichtsinnigen Kletterern geteilt. Wie oft schon hatte ich die schwarzen Hubschrauber über dem Pointe du Raz kreisen sehen. Ein unverkennbares Zeichen dafür, dass wieder jemand gesucht wurde, der dort an einer gefährlichen Stelle nicht aufgepasst hatte. Und durch den plötzlichen Nebeleinbruch steckte ich in genau derselben Klemme.

Ich schob mich behutsam auf dem schmalen Weg vorwärts, den Körper fest an die Felswand gepresst. Irgendwann fühlte ich das Ende des Seils. Hier musste die Stelle sein, die ich an diesem Tag zum ersten Mal überwunden hatte. Ein wenig erleichtert redete ich mir ein, das gefährlichste Stück wohl geschafft zu haben. Doch es lag noch eine gute Strecke Rückweg vor mir, und rings um mich war nichts als ein grauer Schleier. Feinster Nieselregen rundete das Bild ab. Ich durfte jetzt nicht die falsche Richtung einschlagen, musste irgendwie die Orientierung behalten. Beim Ertasten der Umgebung spürte ich dann bald einen breiteren und sichereren Weg unter meinen Sohlen. Vorsichtig und in angemessenem Tempo schaffte ich es schließlich, wieder am Ausgangspunkt meiner Klettertour anzukommen. Selten hatte ich mich so gefreut, die weiße Statue „Notre Dame des Naufragés", die Patronin der Schiffbrüchigen, zu sehen beziehungsweise zu erahnen. Für mich war sie in diesem Moment zur Patronin der Kletterer geworden, und ich war froh und glücklich, dieses gefährliche Abenteuer unbeschadet überstanden zu haben.

Vielleicht sollte ich mich bei meinem Stern bei Gelegenheit einmal bedanken. Sicher kam mir dieses Ereignis in Erinnerung, um mich vor weiterer Leichtsinnigkeit in ähnlichen Situationen zu bewahren.

Rezept für ein leckeres Dinkelbrot

Dieses Brot gelingt auch ungeübten Bäckern. Man mischt 600g frisch gemahlenen Dinkel, 50g Sonnenblumenkerne, 50g Sesamsaat, 50g Leinsamen, 150g klein gehackte, gekochte Maronen oder dieselbe Menge Haselnüsse oder auch Walnüsse, ein bis zwei Teelöffel Salz, 600ml warmes Wasser, 40g frische Hefe und einen Teelöffel Zucker. Die Masse gut durchkneten. Man gibt den Teig in eine gefettete Kastenform und lässt ihn mindestens eine halbe Stunde an einem warmen Ort gehen. Dann schiebt man die Form in den kalten Backofen und lässt das Brot bei 200 Grad etwa 90 Minuten backen. Das Ergebnis ist ein köstliches Brot.

Wind

Es ist drückend heiß. Der Wind fehlt. Schon klebt das Hemd an meinem Körper, hängen die Haare bewegungslos am Kopf herunter, nicht wie sonst zerzaust und strubblig. Nicht das kleinste Lüftchen regt sich. Das Meer zeigt eine glatte Oberfläche, graublau, langweilig und fast schon düster. Kein Boot ist zu sehen, nicht einmal ein Segler am Horizont. Ein paar schwache Wolken kleben am Himmel, weiträumig, großzügig verteilt.

Ich spaziere an der Küste entlang und befinde mich zwischen Plogoff und Feunteun Aod. Mein Hund läuft voraus, an der langen Leine. Geht es bergauf, so zieht er mich. Das ist sehr angenehm, denn meine Beine sind nicht mehr die jüngsten und meine Kondition nicht mehr von der besten Sorte. Er ist äußerst wachsam und knurrt, sobald sich in einiger Entfernung jemand nähert. Doch er bleibt ruhig, schlägt nicht an. Wir sind alleine.

Auf einem Felsvorsprung halte ich an. Ich brauche eine Pause nach dem langen Marsch. Die schmalen Pfade, die in früheren Zeiten als Zollwege dienten, führen um die komplette Küste herum, immer ganz nahe am Meer. Einige sind schon teilweise zugewachsen mit Ginsterbüschen und Brombeerzweigen. Die Dornen zerkratzen mir die Beine. Doch das nehme ich in Kauf für den Genuss des Anblicks, der sich mir hier offenbart, für den Genuss der Einsamkeit, der sich mir bietet.

Ich mache mich auf zur letzten Etappe. Knurren. Ein schwarzer Labrador trottet mir entgegen. Ich halte meinen Hund am Halsband fest, er ist manchmal unberechenbar, und klettere ein Stückchen die Heide hinauf. Mit einem freundlichen „Bonjour" lasse ich Hund und Herrchen vorbei. „Bonschuhr", sagt der Mann. Aha, ein Deutscher. Ich ziehe es vor zu schweigen und meine Nationalität unerkannt zu lassen. Man kann nie wissen, wozu das gut ist.

Dann sind wir wieder alleine. Mein Hund und ich. Der Felsen gehört wieder mir, das Meer, der Himmel, das leise, stetige Rauschen der Gischt unten in der Schlucht.

Wo bleibt heute nur der Wind? Es drückt seltsam auf meine Stimmung, wenn der Wind fehlt. Wir erreichen die Bank hoch über dem kleinen Fischerhafen von Feunteun Aod. Sie scheint auf mich zu warten, so verlassen steht sie da. Meine Bank, denke ich, mein Platz. Während ich ausruhe und die Felsvorsprünge ringsumher betrachte, mutieren sie wie immer zu seltsamen Lebewesen. Ein Dinosaurier mit spitzer Nase und riesigen Ohren ragt links unter mir aus dem Wasser. Jetzt, bei Ebbe, ist die Nase noch länger als sonst. Und ein Stück weiter rechts greift eine schwarze Kralle mitten in die weiße, leicht sich kräuselnde Gischt. Gleich daneben liegt ein kleiner Bär, zusammen gekrümmt und leblos, das Hinterteil schön in die Höhe gestreckt. Rechts unter mir begibt sich ein Kamel gerade daran, Wasser zu trinken. Es hat diese typische Kamelschnauze, und ich warte nur darauf, dass es anfängt zu mampfen und wider zu käuen. Und da, gleich davor, lehnt sich noch ein Bärenjunges an die Felswand. Den Kopf hat es leicht angehoben und sein Blick ist geradewegs auf den Dino gerichtet, dessen Kralle immer noch vom Wasser umspült wird. Schließlich muss ich noch mein schlafendes Nashorn erwähnen, das stets sehr friedlich aufs weite Meer hinaus blickt, neben sich meinen absoluten Liebling, das winzige Chamäleon mit den drei spitzen Höckern auf dem Schwanz. Es schläft, wie immer.

Plötzlich segelt eine Möwe über meinen imaginären Zoo. Sie fliegt einen eleganten Bogen durch die Bucht und landet sanft auf dem Hinterteil des im Wasser liegenden Braunbären. Und mit ihr kommt der Wind. Ich atme zufrieden und erleichtert auf. Der Wind, endlich. Er frischt im Nu auf, lässt mein Haar durcheinander sausen, mein Hemd flattern, so wie es sein soll, er kühlt meine Haut. Die Gräser ringsum werden aus ihrem Mittagsschlaf erweckt, wiegen sich endlich wieder geschmeidig in der Brise. Wellen bauen sich langsam aber sicher auf, die Brandung wird stärker, alles erwacht wieder zum Leben. Jetzt ist mein Glück komplett. Ich bleibe noch eine Weile still im frischen Wind sitzen.

Ich muss an eine Anekdote denken. Vor einigen Jahren waren wir mit Freunden in unserem Lieblingsrestaurant essen. Heiko bestellte als Vorspeise einen Salat océan. Als die Bedienung seinen Teller abräumte und ihn fragte, wie der Salat geschmeckt habe, sagte er verklärt lächelnd: „Windig."

Rezept für Salat océan

Ein richtig windiger, also besonders leckerer Salat océan besteht aus verschiedenen Meeresfrüchten, frischem Salat und Verzierungen. Man legt zwei große Salatblätter als Untergrund auf den Teller. Darauf verteilt man eine Scheibe geräucherten Lachs, eine dicke Scheibe Mousse de Coquille Saint Jacques, drei rosa Garnelen, drei Langustinen, drei rohe Palourdes und eine Portion ausgelöstes Krebsfleisch. Man verziert mit kleinen Tomatenscheiben, Mayonnaise und einem hart gekochten Ei, in Scheiben geschnitten. Mit frischem Baguette und einem guten Muscadet ist dieser feine Salat océan fast schon eine Hauptspeise. Sehr windig!

Gefahr verkannt

Ich hörte den Hubschrauber schon von weitem, noch lange, bevor ich ihn sehen konnte. Es schien, als bliebe er an einer bestimmten Stelle in der Luft stehen. Seltsam. Sicher kein Rundflug, der den Touristen die Schönheiten des Finistère von oben zeigen wollte. Die kleinen, strahlend weißen, niedrigen Häuser mit ihren hellblauen, grünen und roten Fensterläden, dazwischen vereinzelt die alten, grauen Fischerhäuschen, die saftigen grünen Wiesen, mit Wildblumen übersät. Die Weiden mit ihren Kühen und Schafen, Eseln und Pferden, die friedlich und in aller Ruhe grasten und ihr Leben genossen. Beeindruckende zerklüftete Felsen und schwarze Steinbrocken, von der weißen Brandung ständig umspült. Von dort oben konnte man auch gut die gefährlichen Strömungen erkennen, die das Meer unberechenbar werden lassen für die Schwimmer, die ihre Kräfte überschätzen und zu weit hinaus schwimmen. Aber sie sind ja alle durchtrainiert. Ihnen passiert nichts. Viele Strände werden hier während der Sommermonate überwacht. Es werden blaue Fahnen aufgestellt und der Zwischenraum als Schwimmzone ausgewiesen. Seit Einführung dieses Systems ist hier niemand mehr ertrunken. Einige Übermütige allerdings, die schlapp gemacht haben, als sie sich zu weit vom Strand entfernt hatten, wurden gerettet. Man hat sie aufgefischt und heil an Land gebracht. Es ist für mich immer ein sehr beruhigendes Gefühl, die Rettungsschwimmer auf ihrem Hochsitz zu sehen, das Fernglas vor Augen. Das Schlauchboot liegt bereit, für alle Fälle.

Doch es gibt auch unbewachte Strände, so wie diesen hier am Pors Peron. Da müssen die Schwimmer, wenn sie ins Wasser wollen, selber auf sich achtgeben. Übermut und falscher Stolz sind fehl am Platz. Plötzlich entdeckte ich den Hubschrauber. Wie eine riesige, schwarze Libelle erschien er mir, wie er da über der Wasseroberfläche stand, mit kreischenden, sich drehenden Rotoren. Auf dem angrenzenden Felsen standen Leute, die aufgeregt mit den Armen fuchtelten. Sie deuteten auf eine Stelle im Meer. Unten am Strand hatte sich eine Menschenmenge gebildet. Ich schnappte Wortfetzen auf. Näher wollte ich nicht heran gehen, obwohl ich neugierig wurde und mich fragte, was sich dort drüben wohl abspielte. Die Atmosphäre ließ mich ahnen, dass ein Schwimmer vermisst wurde und man das Wasser nach ihm absuchte. Hatte sich wieder jemand verschätzt? Mal eben um den Felsen herum schwimmen mit kräftigen Zügen, um an die kleine, versteckte Bucht zu gelangen. Dort ist man so schön alleine, weil sich kaum jemand zutraut, die Strecke auf sich zu nehmen. Und vom Land aus ist sie nur sehr schlecht zu erreichen. Ein Sonnenbad nehmen ohne störende Badeurlauber, ohne schreiende Kinder, das ist schon verlockend. Ob er durchhalten würde bis zu seiner Rettung? Oder ertrank er jetzt vor meinen Augen, in meinem Beisein, vor den Augen seiner Familie? Eine schreckliche Vorahnung breitete sich in mir aus, obwohl ich den Schwimmer gar nicht kannte, nicht sicher sein konnte, ob meine Vermutungen überhaupt zutrafen. Doch es war alles so eindeutig. So unheilvoll eindeutig. Nicht vorstellbar, was die Familie des Schwimmers gerade mitmachte. Höllenqualen, diese Ungewissheit. Wie würde alles weiter gehen? Konnte man so einen Schicksalsschlag verkraften?

Ich beobachtete, wie ein Mann im Taucheranzug mit Hilfe einer Seilwinde vom Hubschrauber aus Richtung Wasseroberfläche herunter gelassen wurde. Lange Minuten verstrichen. Zeit der Angst. Dann wurden zwei Körper hoch gezogen. Entsetzte Schreie hallten durch die Stille. Der Taucher hatte den Schwimmer gefunden und das Seil fest um ihn geschlungen. Ein dramatischer Augenblick. Lebte er? Oder konnte er vielleicht wiederbelebt werden? Der Körper hing völlig schlaff und bewegungslos am Seil, wiegte sich nur leicht hin und her durch die Schwingungen des Hubschraubers, der jetzt Richtung Sandstrand flog. Vorsichtig wurden die Beiden herunter gelassen. Der Taucher löste das Seil und ich sah noch, wie er sich über den leblosen Körper beugte und sich um ihn kümmerte. In einer rasanten Kurve drehte der Hubschrauber ab und flog über die Köpfe der Umherstehenden hinweg zu einer nahe gelegenen Wiese, die ihm als Notlandeplatz diente. Ein Höllenlärm, ohrenbetäubend. Steinchen flogen hoch, schlugen unbarmherzig gegen meine Beine und an den Lack der geparkten Autos. Am Strand Tumult, Entsetzen, Schreie. Der Mann war tot, ertrunken. Alle Wiederbelebungsversuche verliefen erfolglos. Den Tod so greifbar nahe zu spüren war schrecklich. Die Familie stand da, im Schock erstarrt vom grauenhaften Anblick, der sich ihnen bot. Das darf nicht sein. Es darf nicht sein. Die Zeit zurück drehen. Den Vater davon abhalten, so weit hinaus zu schwimmen. Wach auf! Atme! Warum? Warum? Ich trauerte mit ihnen, begann zu weinen, musste gehen. Ich konnte nicht helfen. Niemand konnte helfen.

Mein Leben ging weiter, ungewiss, was in Zukunft alles passieren würde. Das Leben einer anderen Frau und deren Kinder war gerade zerstört worden, zerschlagen, kaputt.

Noch lange Zeit hielt sich der Kloß in meinem Hals. Wieder ein Tag, der sich nicht mehr aus meinem Gedächtnis streichen lassen würde.

Eine unwirkliche Begegnung

Der Nieselregen zeigte sich seit drei Tagen von seiner hartnäckigen Seite. Er hörte einfach nicht auf. Öffnete ich ein Fenster, um kurz frische Luft ins Haus zu lassen, regnete es mit einem stetigen Schwall herein. Öffnete ich vorsichtig die Tür, wurde ich als erstes vom Regenwasser begrüßt. Mistiges, diesiges, nasskaltes Wetter. Die Feuchtigkeit zieht in alle Winkel, die Wäsche braucht ewig, um halbwegs trocken zu werden. Selbst der Mensch fühlt sich klamm. Diese Tiefausläufer haben es in sich.

Ich betrachtete die Misere eine Zeitlang durch die Gardine, ehe ich diese beiseiteschob und das ganze Ausmaß der bretonischen Wasserspiele auf mich wirken ließ. Unschlüssig stand ich so eine Weile da. Der Wind schleuderte die Regenmassen mal zur einen, dann plötzlich wieder zur anderen Seite an die Fensterscheiben. Mal regnete es heftig, mal ließ es etwas nach, doch es hörte einfach nicht auf. Wie im Film, dachte ich, bei gestellten, unrealistisch wirkenden Regenszenen. Doch hier war alles echt, und ich musste hinaus in die ungemütliche Nässe. Meine überfälligen Einkäufe ließen sich bei bestem Willen nicht noch einen Tag länger hinaus schieben. Irgendwie würde ich mich zu meinem Auto durch schlagen, meine Besorgungen erledigen und dann schnell wieder in mein warmes Wohnzimmer zurück kehren. Die Heizung hatte ich schon aufgedreht, obwohl das eigentlich für die Jahreszeit noch viel zu früh war. Mit Ölmantel und Südwester bewaffnet verließ ich das Haus. Ich fuhr nach

Audierne und klapperte die verschiedenen Geschäfte ab. Bei jedem Einsteigen durchnässte mein Sitz mehr. Nachdem ich endlich alle nötigen Lebensmittel zusammen hatte, machte ich mich auf den Rückweg. Die Scheiben beschlugen, die Wischerblätter des Scheibenwischers kämpften unermüdlich mit den Wassermassen. Ich konnte kaum noch etwas sehen, erahnte eher die anderen Autos.

Und dann tauchte er plötzlich am Straßenrand auf, der seltsame Mann. Er starrte mich mit einem eigentümlichen, durchdringenden Blick an, so dass ich instinktiv auf die Bremse trat. Im selben Moment hatte sich auch schon die Tür geöffnet, und der Mann saß auf dem Beifahrersitz. Ich erschrak beinahe zu Tode, doch er bedeutete mir ohne Worte mit einer Handbewegung, weiter zu fahren. Ich legte den ersten Gang ein und gab Gas. Mein Fahrgast schwieg beharrlich. Auch ich zog es vor, den Mund zu halten und keine dummen Fragen zu stellen. Ich versuchte stattdessen, meine wirren Gedanken so gut wie möglich zu ordnen und Ruhe zu bewahren. Der Mann verbreitete eine seltsame Kühle. Ich redete mir ein, dass das vom Verdunsten des Regenwassers herrührte. Als ich aber einen kurzen Seitenblick in Richtung Beifahrersitz wagte, bemerkte ich, dass der Umhang des Mannes trocken zu sein schien. Kein Tropfen war zu sehen. Ein merkwürdiger Anhalter. Vielleicht war er ja stumm und sagte deshalb nichts. Oder er beherrschte die Landessprache nicht und konnte sich daher nicht verständlich machen. Irgendeine Erklärung musste doch für sein unnatürliches Verhalten zu finden sein. Mittlerweile fuhr ich an der Küstenstraße entlang. Links vor uns spritzte die Brandung laut krachend über die Mole. Das Tief hatte es wirklich in sich. Niemand kam uns jetzt mehr entgegen, und auch in Fahrtrichtung war mein

Auto das einzige weit und breit. Ein unheiliges Angstgefühl begann an meinen Beinen hoch zu kriechen. Ich war alleine mit diesem unheimlichen, schweigsamen Unbekannten. Ich versuchte, möglichst gelassen zu bleiben und wollte mir lieber nicht ausmalen, was Frauen in solch einer Situation alles passieren kann. Hatte meine Mutter mir früher nicht immer eingetrichtert, keine Anhalter mitzunehmen, wenn ich alleine unterwegs bin? Aber das änderte nun auch nichts mehr. Ich überlegte mir Strategien für den Fall des Falles. Warum streifte er seine Kapuze nicht endlich ab? Wollte er nicht erkannt werden? War er vielleicht ein gesuchter Verbrecher? Ein Mörder? Hier im Finistère, am Ende der Welt, konnte man ohne weiteres leicht untertauchen. Hier würde ihn niemand so schnell entdecken. Und ausgerechnet mich hatte er sich ausgesucht, um zu seinem Unterschlupf zu gelangen. Mir wurde abwechselnd heiß und kalt. Ich fühlte mich zu keiner vernünftigen Reaktion fähig. Die Hände krampfhaft ans Lenkrad geklammert, fuhr ich einfach wie automatisch weiter.

Plötzlich sah ich im Augenwinkel, dass die schwarze Kutte der Gestalt sich bewegte. In panischer Angst warf ich meinen Kopf zur Seite und starrte den Mann an. Zog er jetzt ein Messer aus der Tasche? Wollte er mich erwürgen oder doch lieber erschlagen? Der Mann hob seine Hand, und ich schaute ihm für einen kurzen Moment in die Augen. Ich trat auf die Bremse, und ruckartig blieb mein Auto stehen. Sollte ich aussteigen und weg laufen? Hatte ich draußen eher eine Chance, diesem Verbrecher zu entkommen?

Als ich wieder auf den Beifahrersitz schaute, war der Mann verschwunden. Bildete ich mir nur ein, dass ich keine Tür habe zuschlagen hören? So leise, wie er erschienen war, so leise war er auch wieder unsichtbar geworden, der seltsame Fahrgast. Unsichtbar? Quatsch, weg war er, einfach weg. Ich blieb noch eine Weile regungslos in meinem Wagen sitzen. Ein leichtes Zittern befiel meinen Körper, aber nach und nach schienen die Lebensgeister in mir wieder zu erwachen. Hatte mich dieses verflixte bretonische Nieselregenwetter tatsächlich schon dazu gebracht, Gespenster zu sehen? Ich fuhr wieder los, wollte nur noch nach Hause. Ein paar Minuten später bog ich in die schmale Seitenstraße ein, die noch gut drei Kilometer durch einen Wald führte, bevor sie in meinen Wohnort mündete. Das ganze Gebiet ringsum war ein sumpfiges, wildes Biotop. Man überließ es hier der Natur, wie das Wachstum sich entwickelte, und wenn Bäume beim Sturm umkippten oder einzelne Äste abbrachen, kümmerte das niemanden. An diesem diesigen Spätnachmittag, das Erlebnis mit meinem dunklen Anhalter noch nicht verdaut, wirkten die knorrigen Äste natürlich gleich doppelt so schaurig. In jeder Baumkrone sah ich Wesen, die mich gierig anstierten, die mit ihren Fangarmen nach mir zu greifen schienen, die mich holen wollten. Mein Herz raste in ungesunder Geschwindigkeit. Mein normaler Menschenverstand sagte mir, dass diese Wesen nur Bäume sind mit Zweigen, die sich im Wind wiegen. Doch schien etwas anderes in meinem Kopf die Macht über meine Gedanken übernommen zu haben. Die Wesen bewegten sich, kamen auf mich zu, und was ich da draußen ganz deutlich summen und pfeifen hörte, das war nicht der Wind, davon war ich fest überzeugt.

Zum Glück hatte die Straße ein Ende. Nach der letzten Kurve tauchten endlich die ersten Häuser von Cléden auf. Die erleuchteten Fenster brachten mich langsam in die Wirklichkeit zurück. Der Regen hatte nachgelassen, und auch die nächste Querstraße zeigte sich hell und gespensterlos. Ich atmete auf. Erleichtert.

Zu Hause packte ich meine Einkäufe aus und verstaute sie sorgsam. Mein Herz klopfte immer noch recht unnatürlich. Ich musste mich beruhigen, wollte nicht mehr an mein unangenehmes Erlebnis denken. Eine Tasse Tee „sorcière" würde jetzt gut tun. Er heizt auf, und ein Schuss Rum würde diese Wirkung noch verstärken. Der Tee bestand aus Thymian, Rosmarin, Minze und Salbei. Wahrhaft eine Hexenmischung. Wie passend, Hexen und Gespenster. Während mein Teewasser kochte, begann ich mit den Vorbereitungen fürs Abendessen. Bei diesem nasskalten Schauderwetter wollte ich mir ein leckeres Frischlingsragout gönnen. Vorher ein gutes Stück paté aux pommes, anschließend ein Stück Livarot, auf den Punkt durchgereift. Mein Tee tat seine Wirkung. Die heiße Köstlichkeit durchwärmte meinen Körper. Mein Zustand besserte sich schlagartig. Ich bereitete eine Marinade für das Fleisch. Nach einem zweiten Hexentee war mir warm bis in die Fußspitzen. Während das Frischlingsfleisch vor sich hin marinierte, begann ich, die blauen Pflaumen, die ich gekauft hatte, zu waschen, zu entsteinen und zu halbieren. Ich wollte eine Far aux pruneaux, einen bretonischen Pflaumenkuchen backen. Etwas Süßes würde meinem noch immer verstörten Geist ebenfalls gut tun, dachte ich und erinnerte mich unweigerlich wieder an den Kapuzenmann. Hatte ich mir wirklich alles nur eingebildet? Unsicher schaute ich aus dem Fenster. Außer der Dunkelheit war nichts zu sehen, außer dem leichten Wind, der in den Baumwipfeln spielte, nichts zu hören. Der Regen war weitergezogen.

Mein Kuchen war inzwischen im Ofen, das Fleisch marinierte. Nun war es Zeit für einen Kir. Ich öffnete die Flasche

Crème de Cassis und goss ein wenig in ein Weinglas. Mit Muscadet füllte ich es bis kurz unter den Rand auf. Ich hatte eine Pause verdient. Lecker. Ich stellte das Glas aufs Klavier und spielte ein paar Takte. Die Musik lenkte mich ab, ließ meine Hirngespinste in den Hintergrund verschwinden. Dachte ich.

Der Far duftete verführerisch. Ich holte ihn mit meinem dicken Topfhandschuh aus dem Ofen und stellte ihn beiseite. Es wurde Zeit, das Ragout zuzubereiten. Ich genehmigte mir dabei einen zweiten Kir, deckte anschließend den Tisch, zündete eine Kerze an und legte eine CD ein, um die Stille zu vertreiben. Die Apfelpastete war ein guter Auftakt, mein Ragout eine köstliche Hauptspeise und der Livarot die gelungene Abrundung. Der Pflaumenkuchen musste sich noch gedulden.

Als ich nach diesem reichhaltigen Mahl gemütlich in meinem Sessel saß, nahm ich mir ein Buch zur Hand. Ich wollte über die Ereignisse des vergangenen Tages nicht weiter nachdenken und mich auf andere Dinge konzentrieren. Ich blätterte in einem Bildband über die Bretagne und geriet bei der Betrachtung all der herrlichen Abbildungen ins Träumen. Steile Felsen mit weißer Brandung, Möwen unter azurblauem Himmel. Auch die Fotos der vielen kleinen Kirchen, Kapellen und Brunnen lenkten meine Gedanken ab. Ich betrachtete die lieblichen Bilder von blumengeschmückten Granithäusern, von gelb-rosa Heidefeldern und von Festumzügen mit Kindern in traditionellen Trachten. Ackergäule zogen alte Holzkutschen, einige Bilder zeigten fröhliche, ausgelassene Tanzgruppen. Ich freute mich schon auf den nächsten Sommer und auf all die vielen Feste und Feierlichkeiten, auf Dudelsackmusik und Stände mit Crêpes, Merguez und anderen bretonischen Spezialitäten.

Dann blätterte ich um.

Mir fiel ein Artikel auf, den ich aufmerksam zu lesen begann. Er handelte von Ankou, dem Sensenmann, dem Boten des Todes. In der Bevölkerung erzählt man sich, dass Ankou nachts auf einem Karren mit knarrenden Rädern durch die Lande fährt. Mit einer schwarzen Kutte bekleidet steht er aufrecht da, schweigsam und unnahbar. Hört man in der Nacht das seltsame Quietschgeräusch, bedeutet das nichts Gutes, dann kündigt Ankou den Tod an. Als ich weiter blätterte, sah er mich an, Ankou, mit einem langen, schwarzen Kapuzenumhang. Ich erstarrte vor Schreck und erkannte in ihm meinen unheimlichen Fahrgast vom Nachmittag.

In Panik schlug ich das Buch zu. Ich rannte zur Haustür, drehte zweimal das Schloss herum und schob den Riegel vor. Ankou, dachte ich nur, Ankou. Plötzlich hatte ich mein Erlebnis wieder genau vor Augen. Was hatte das alles zu bedeuten? Wollte Ankou mir meinen Tod ankündigen? Hatte der Sensenmann mich ausgesucht? Was stand mir bevor? Ich ging zurück ins Wohnzimmer und goss mir ein Gläschen Marie Brizzard ein. Aus dem Gefrierfach holte ich zwei Stückchen Eis. War ich nun schon total verrückt geworden? Wahrscheinlich würde ich in dieser Nacht auch noch die Glocken von Ville d'Ys hören...

Ich dachte noch einmal in Ruhe über alles nach. Alles Einbildung, stell dich nicht so an, schimpfte ich mit mir. Ich schenkte noch einmal nach.

Es wunderte mich nicht, dass ich in dieser Nacht unruhig schlief und von seltsamen Alpträumen geplagt wurde. Ständig vernahm ich das entfernte Quietschen von Ankous Karren, und weil das Schlafzimmerfenster vom Wind ständig auf- und zu schlug, dachte ich, er würde mich nun tatsächlich holen.

    Als es am Morgen endlich hell wurde, zeigten sich die ersten Sonnenstrahlen. Kein Regentropfen fiel vom Himmel, kein Wölkchen war zu sehen, keine quietschenden Karrenräder zu hören. Kein Ankou in Sicht. Das wird ein schöner Tag, dachte ich nur.

Rezept für Frischlingsragout

Man benötigt ein schönes Stück Frischlingsfleisch aus der Keule, in mundgerechte Stücke geschnitten. Für die Marinade braucht man zwei Schalotten, zwei kleine Knoblauchzehen, eine Möhre, Kräuter der Provence, einen Schuss Cidreessig, einen Esslöffel Olivenöl, Pfeffer, Salz und jede Menge Rotwein. Ein Bordeaux reicht vollkommen. Eigentlich sollte man die Fleischstücke vierundzwanzig Stunden in der Marinade ziehen lassen, aber auch nach zwei bis drei Stunden schmeckt das Ragout hinterher gut.

Zubereitung:

Man lässt ein großes Stück Salzbutter schmelzen, bräunt darin die Fleischstücke an, löscht mit der Marinade ab und gibt Rotwein dazu, bis alles fast bedeckt ist. Das Ganze lässt man auf kleiner Flamme eine gute Stunde schmoren und gießt immer wieder Rotwein nach. Zum Schluss kommt ein großzügiger Klecks Crème fraîche auf das Ragout. Ein wahrlich wunderbares Herbst- und Wintergericht. Kartoffeln und Salat dazu, fertig. Auch gedünstete Maronen passen ausgezeichnet. Ich sammle sie immer im Oktober bei der kleinen Kapelle St. Laurant. Frisch geschält und mit Butter, Zucker, Salz und Milch bzw. Sahne gedünstet sind sie eine preiswerte und absolut köstliche Beilage.

Rezept für Far au Pruneaux

Für einen Kuchen braucht man vierundzwanzig reife Pflaumen, fünfzig Gramm Salzbutter, vier Eier, hundert Gramm Zucker, einen Esslöffel Rum, hundert Gramm Weizenmehl und gut einen halben Liter Milch, besser etwas mehr. Man buttert eine runde Form und legt den Boden mit den halbierten Früchten kreisförmig aus. Mehl und Zucker werden in einer Schüssel gemischt. In die Mitte eine Vertiefung drücken, die vorher verquirlten Eier hineingeben und langsam verrühren. Nach und nach gibt man die Milch dazu, zum Schluss den Rum. Wenn alle Zutaten gleichmäßig verrührt sind, gießt man den Teig vorsichtig über die Pflaumen, stellt die Form sofort auf die mittlere Schiene in den auf 220 Grad vorgeheizten Backofen und lässt den Kuchen dreißig Minuten backen. Diesen Pflaumenkuchen kann man heiß oder kalt genießen. Er erfreut jeden Besucher. Das Rezept habe ich in meinem Haus gefunden, als ich es kaufte. Es lag in einer Schublade.

Herbstgedanken

Es war ein herrlicher, sommerlicher Junitag im letzten Jahr. Ich hatte es mir nach einem ausgiebigen Frühstück mit einem starken Café au lait, mit knusprigem, frischem Baguette, Camembert und knackigen Tomaten in meinem biotopartigen Garten gemütlich gemacht und war gerade im Begriff ein neues, spannendes Buch zu beginnen, als sich die altmodische gelbe Seifenschale in mein Gedächtnis drängte und mir deren Inhalt keine Ruhe mehr ließ. Immer wieder schweiften meine Gedanken ab, es hatte keinen Sinn zu lesen, keinen Sinn, sich auf irgendetwas anderes zu konzentrieren als auf eben diese Seifenschale. Ich stand auf, ging, begleitet von meinem Hund, die Treppen hinauf ins Haus, lenkte meine Schritte gezielt ins Wohnzimmer und betrachtete die kleine Glasschale, die einen Platz auf dem Kaminsims gefunden hatte. Sie beinhaltete, winzig klein zusammengefaltet, mein Testament. Ich öffnete die Schale, faltete das Schriftstück vorsichtig auseinander und begann zu lesen.

Seit dem Tag, als ich mein Testament gemacht hatte, konnte ich nicht mehr damit aufhören, ständig über den Tod nachzudenken. Dabei wollte ich lediglich vermeiden, dass meine Nachkommen uneinig darüber sind, wer welche Gegenstände aus meinem Nachlass bekommen soll. Ich dachte dabei keineswegs an Streit, eher an Ratlosigkeit und Ohnmacht während der Trauer um mein Ableben. Wie würden die Kinder, Schwiegerkinder und Enkel mein Erbe später wohl aufteilen? Darüber hatte ich mir vor ein paar

Wochen meine Gedanken gemacht, also verfasste ich ein Testament, ließ es von einem Notar meines Vertrauens beglaubigen und hinterlegte es dann in einem eigens für diesen Zweck gemieteten Schließfach in seiner Kanzlei. Eine Abschrift legte ich in besagte gläserne, gelbe, uralte und nach meinem Geschmack ziemlich hässliche und unzweckmäßige Seifenschale, die ich selber seinerzeit von meiner Großmutter geerbt hatte. Das Gefäß stellte, so dachte ich, aufgrund seines Alters einen würdigen Aufbewahrungsort für ein Schriftstück dieser Art dar.

Hätte ich geahnt, in welcher Weise das Testament Einfluss auf mein weiteres Leben nehmen würde, ich hätte die Finger davon gelassen. Musste ich denn unbedingt selber entscheiden, was nach meinem Tod mit meinen Sachen geschieht? Wenn ich nicht mehr lebe, nicht mehr fühle, nicht mehr denke, empfinde ich auch keinen Groll, wenn mein Erbe ungerecht oder falsch aufgeteilt wird. Wer fragt eine Tote auch schon nach ihrer Meinung? Der Haken bei der ganzen Sache war allerdings, dass ich ja noch lebte und leider viel zu oft ins Grübeln über dieses Thema geriet. Würde ich morgen tödlich verunglücken, sinnierte ich, wer würde sich um meinen Hund kümmern? Fühlte sich niemand verantwortlich, landete er zuletzt noch im Tierheim. Das durfte ich keinesfalls riskieren und setzte im Testament ein würdiges Ersatzfrauchen fest. Ich entschied mich für meine nette Nachbarin Marie-Jeanne, die von meinem Floyd immer sofort laut und stürmisch angebellt wurde, sobald er sie sah. Sie brauchte nur an unserem Haus vorbei zu gehen, schlug er schon Krach. Doch sie würden sich aneinander gewöhnen, klare Sache. Auch meine drei Katzen wurden mit neuen „Dosenöffnern" bedacht, denn sie sollten nicht als Streuner enden oder als penetrante

Futterbettler die Nachbarschaft nerven. Ich suchte meine Freundin Nellie dafür aus, denn sie besaß schon zwei Katzen in ihrem kleinen Häuschen und würde sich über einen Familienzuwachs sicherlich freuen. Ein nächstes Problem stellte mein überdimensional großes Meerwasseraquarium dar. Wer würde sich schon freiwillig dazu bereit erklären, die ganze anfallende Arbeit und die mit der regelmäßigen Instandsetzung verbundenen Kosten auf sich zu nehmen? Also musste ein Erbe her, der sowohl gut betucht als auch menschlich einigermaßen in Ordnung war. Es gestaltete sich schwierig, aber ich wurde fündig. Einer meiner Neffen hatte ein langes, teures Studium auf sich genommen, um Tierarzt zu werden. Die richtige Person für meine Fische. Schwierigkeiten würde es höchstens mit dem Transport geben. Immerhin lebte er mit seiner Frau in elfhundert Kilometer Entfernung. Doch wie ich ihn einschätzte, würde er diese Hürde mit Leichtigkeit zu nehmen wissen. Ich wagte nur nicht daran zu denken, er könnte auf die Idee kommen, die Fische der Einfachheit halber dem Meer zu übergeben. Als nächster Posten standen meine 193 Pflanzen auf dem Verteilungsplan. Ich konnte mich noch sehr genau daran erinnern, wer sie während meiner häufigen Urlaube am besten gepflegt hatte, als ich noch in Deutschland wohnte. Dieser grüne Daumen und die liebevolle Pflege sollten meines Erachtens belohnt werden. Auch das war also erledigt. Wer freut sich nicht über einen Container voller Blumen, abzuholen am Güterbahnhof? Wem konnte ich aber mein heiß geliebtes Vogelspinnen-Terrarium vermachen? Nicht jeder mag diese putzigen, nützlichen Tierchen. Meine älteste Schwester beispielsweise würde mir auf der Stelle in den Tod folgen, würde ich sie als Erbin einsetzen, dessen war ich mir vollkommen sicher. Bereits der Anblick einer Minispinne auf einer drei Meter entfernten Wand ließ sie zur Salzsäule erstarren. Die Entscheidung war ehrlich gesagt gar nicht so einfach, ich fand jedoch letzten Endes einen geeigneten, noch recht jugendlichen Erben, dem ich es durchaus zutraute, meine Leidenschaft für die exotischen Krabbeltiere, wenn auch vielleicht nicht auf Anhieb, zu teilen und meine kleinen Lieblinge in meinem Sinne weiter zu versorgen. Mein Enkelsohn würde diesen Part übernehmen, ganz sicher. Ich hatte ihn zwar nun schon längere Zeit nicht gesehen, war mir aber ganz sicher, dass er ein so tolles Erbe seiner Oma nicht ausschlagen würde. Vielleicht sollte er sich im Falle des Falles dann schnell um eine größere Wohnung bemühen. Tief in meine Gedanken versunken betrachtete ich meine Vogelspinnen, die starr und fast wie tot in ihrem Glaskasten verharrten. Just in diesem Augenblick meldete sich mein alter Graupapagei zu Wort. Er rief zwar nicht: „Vergiss mich nicht!", aber sein Gekrächze konnte absolut so gedeutet werden. Tja, wer würde sich wohl mit der rechten Hingabe um Naomi kümmern? Meine Gedanken schweiften durch meinen Bekanntenkreis, meine Familie, meine ehemaligen Kollegen. Viele schimpften sich tierlieb, aber wer würde es schon gerne und vor allen Dingen bis zu seinem Lebensende auf sich nehmen, als zusätzlichen Hausbewohner meine hoch exzentrische Papageiendame zu akzeptieren? Naomi, mit ihrer Angewohnheit, am liebsten in übertriebener Lautstärke und für alle Nachbarn vernehmbar in Fäkalsprache zu reden. Ich habe das Liebchen selber geerbt, also bei mir hat sie diese Wörter nicht gelernt, versteht sich. Glücklicher Weise hatte sie noch nicht gelernt, auf Französisch oder gar Bretonisch zu fluchen, obwohl ihr schon reichlich Gelegenheit dazu geboten worden war. Ich überlegte hin und her. Zugegeben, eine schwere Entscheidung, denn Naomi lag mir sehr am Herzen. Schließlich setzte ich meine älteste Tochter im Testament als Erbin ein. So stünde ihr endlich den ganzen Tag jemand zur Verfügung, mit dem sie sich ununterbrochen unterhalten konnte. Perfekt.

Die wichtigsten Dinge hatte ich nun also bereits geregelt. Halt, fast hätte ich den allerwichtigsten Posten vergessen: Meine Rezeptsammlung. Wem sollte ich diese Kostbarkeit anvertrauen? Wer erwiese sich als würdig? Immerhin ging es um hunderte verschiedenartiger Bücher und Zeitschriften, handgeschriebener und überlieferter Rezepte, Aufläufe, Gemüse, Fisch und Fleisch, Meeresfrüchte, Nachspeisen, Backwaren, Spezialitäten aus verschiedenen Ländern, Rezepte der Landfrauen, eigene Erfindungen, um nur die wichtigsten Teile der Sammlung zu nennen. Seit meinem Umzug in unser kleines bretonisches Dorf probiere ich zusätzlich zu den bestehenden Rezepten alle möglichen neuen Kombinationen frischer Lebensmittel aus. Gemüse und Geflügel kaufe ich bei einem befreundeten Biobauern, die frischesten und besten Meeresfrüchte gibt es direkt am Hafen vom Boot. Dann beginnt meine Lieblingsbeschäftigung: Das Kochen. Zum Beispiel bereite ich gerne Crêpes mit Meeresfrüchten zu. Das Rezept ist denkbar einfach, aber auch denkbar köstlich!

Viele, viele andere leckere Rezepte kamen mir in den Sinn, als ich weiter über mein Testament nachdachte. Wer hätte es verdient, meine Sammlung zu bekommen? Wer hätte so viel Muße, alles einmal auszuprobieren? Alles? Na, dafür bräuchte man ja schon ein Leben. Am besten bleibt die Sammlung so komplett wie sie ist hier im Haus, dachte ich, und jeder, der her kommt, darf sie zum Kochen benutzen.

Ich hatte mich entschieden, so war es beschlossene Sache. Ich war zufrieden.

Ich teilte noch ein paar wertvolle Gegenstände auf, vermachte dem einen oder anderen Freud einige persönliche Andenken und überschrieb für den Fall meines Todes das Haus zu gleichen Teilen meinen Kindern. Niemand sollte zu kurz kommen, jeder sollte von meinem Ableben in gewisser Weise profitieren.

Schön und gut, doch seit diesem Tag ließ mir der Gedanke an den Tod keine Ruhe mehr, so wie jetzt, als ich dastand und das Testament in meinen Händen hielt. Was passiert mit mir, wenn ich plötzlich tot umfalle, fragte ich mich. Was geschieht mit meinem Geist, mit meiner Seele? Kann ich ohne intaktes Gehirn weiterhin denken, Empfindungen spüren, Glück und Harmonie erfahren? Kann ich sehen, ohne über Augen zu verfügen? Kann ich hören ohne Ohren? Ist der berühmte Lichtkegel am Ende des Tunnels wirklich wahrnehmbar? Und was kommt danach? Ist dann alles einfach aus und vorbei? Schwarz? Einsam? Oder treffe ich vielleicht tatsächlich die Seelen anderer Verstorbener und kann mit ihnen kommunizieren? Sehe ich meine Eltern wieder, meine Großeltern, meine Freundin Ruth? Lerne ich Seelen aus vergangenen Epochen kennen, Könige, Päpste, Politiker? Kann ich fühlen oder sehen, wie es meinen Tieren ergeht, ob ich die Erben auch richtig eingesetzt habe?

Werde ich für mein Erdenleben bestraft oder belohnt? Oder hat es in der Welt der Toten keine Bedeutung, welche Taten ich begangen habe? Sind Schwerverbrecher und Mörder, wenn sie tot sind, seelengleich mit Nonnen und Priestern? Existiert vielleicht tatsächlich die Möglichkeit der Wiedergeburt, um eine Chance zu bekommen, seine Fehler auszubügeln? Und kann man sich in einem solchen Fall seine neuen Eltern wohl aussuchen?

Fragen über Fragen, Gedanken über Gedanken bevölkerten mein Gehirn. Ich wusste, dass niemand mir diese Fragen würde beantworten können. Ich musste also Vermutungen anstellen, auf ein glimpfliches Jenseits hoffen, oder aber versuchen, dieses Gedankengut komplett zu streichen. Ich entschied mich für Letzteres. Aber das war leichter gesagt als getan. Nimmt man sich nämlich vor, an etwas Bestimmtes nicht zu denken, unter gar keinen Umständen, beherrscht dieses Etwas erst recht unsere Gedanken. „Denken Sie in der nächsten halben Stunde nicht an ein grünes Krokodil!" Das habe ich vor langer Zeit einmal in einem Buch gelesen. Jedem wird klar sein, woran ich gedacht habe, und zwar noch viel länger als nur diese dreißig Minuten.

Dieser Satz verfolgt mich bis heute. Und wenn ich mir heute sage, denke nicht an die Zeit nach deinem Tod, dann hat das naturgemäß denselben Effekt.

Also gut, denken wir erst einmal an das Leben. Man lebt nur einmal, zumindest in diesem Leben, das ich gerade führe. Und zwar gerade hier und jetzt. Also sollte ich vielleicht nicht zu viele Dinge tun, die ich später einmal bereuen würde. Irgendwann geht es ja nun doch, ob ich nun daran denken will oder nicht, dem Ende entgegen, langsam oder schnell, plötzlich oder vorhersehbar. Jetzt will ich so handeln, dass andere Menschen sich gerne an mich erinnern, wenn es mich denn erwischt hat. Sollten sie sagen, die war immer kniepig und geizig? Sollten sie sagen, die war immer unfreundlich und kalt? Gott bewahre. Vielleicht ist das die Hölle, wenn man nach dem Tode spürt, was die Mitmenschen über uns denken. Sind sie froh, dass wir endlich tot sind? Empfinden sie es als Erlösung, dass wir nicht mehr auf ihren Nerven herum trampeln? Stellt es für sie eher Erleichterung dar als Bedrückung? Welch eine fröhliche Beerdigung. Alles lacht, scherzt, atmet auf, dass die Olle endlich im Kasten liegt und für immer den Mund hält. Sich für immer aus allen Angelegenheiten heraus hält, die sie nichts angehen. Ein schöner Tag, lasst uns einen heben. Nein, danke.

Da lebe ich doch lieber so, dass die Nachwelt sich gerne an mich erinnert. Niemand soll in immerwährende Trauer verfallen, doch es wäre schon angenehm, wenn die guten Erinnerungen an mich überwiegen. Also verwöhne ich weiterhin meine Familie, wenn sie den weiten Weg zu mir findet, sowie meine Bekannten und Freunde mit leckeren Gerichten aus meiner Rezeptsammlung. Werde weiterhin mit Vergnügen neue Kombinationen ausprobieren, abschmecken, verfeinern und für meine Nachwelt festhalten. Und mein Testament lasse ich am besten gleich morgen wieder verschwinden. Soll sich doch jeder nehmen, was er möchte.

Vive la vie!

Rezept für Crêpes mit Meeresfrüchten

Man verrührt hundert Gramm Mehl, drei Prisen Salz und ein geschlagenes Ei mit zweihundertfünfzig Millilitern Vollmilch und fünfzig Millilitern Wasser. Für die Füllung gibt man ein schönes Merlanfilet, grätenfrei und ohne Haut, und hundert Gramm geschälte Garnelen in einen Topf mit einem Glas Milch und lässt alles ein paar Minuten leicht kochen. Fisch und Garnelen abschöpfen, den Fisch zerteilen. Aus dreißig Gramm Salzbutter und dreißig Gramm Mehl eine Einbrenne herstellen. Manche nennen das auch Mehlschwitze. Mit der Fisch-Garnelen-Milch aufgießen, noch ein Glas Milch oder Sahne dazu gießen, aufkochen, pfeffern und salzen. Die Sauce sollte schön dick und klumpenfrei sein. Jetzt hackt man drei bis vier Tomaten in kleine Stücke und gibt sie dazu. Dann die Füllung mit hundert Gramm ausgelöstem Krebsfleisch und ein paar zuvor frisch gekochten Miesmuscheln und ein bis zwei Esslöffeln Crème fraîche verfeinern. Die Füllung wird auf die gebackenen Crêpes verteilt. Zusammenklappen und heiß genießen. Meine Freunde sind jedes Mal begeistert, wenn diese wunderbaren Crêpes auf den Tisch kommen. Nur bleiben sie da nie lange, sondern landen sehr rasant in den Mägen, wo sie auch hingehören.

Rezept für überbackene Jakobsmuscheln

Pro Person nimmt man fünf Jakobsmuscheln und halbiert sie. In einem Topf werden nach Geschmack Schalotten und Knoblauch in Salzbutter angedünstet. Das Muschelfleisch dazu geben, salzen und pfeffern und mit Petersilie anreichern. Etwas Calvados und Muscadet angießen und drei bis vier Minuten auf kleiner Flamme einkochen lassen. Zum Schluss etwas Paniermehl einstreuen und Crème fraîche zugeben. (Wenn die Masse zu flüssig ist, kann man mit etwas Mehl und Wasser verdicken. Das beeinträchtigt allerdings etwas den reinen Geschmack.) Die Masse in Jakobsmuschelschalen füllen, einen Klecks Salzbutter daraufsetzen und im 200 Grad heißen Backofen zehn Minuten überbacken. Lecker!

Rezept für grüne Böhnchen bretonisch

Man kocht ein halbes Pfund junge grüne Bohnen, nachdem man sie gewaschen und von den Fäden befreit hat. (Im Notfall eine kleine Büchse oder ein Glas Bohnen extra fein nehmen und mit sehr heißem Wasser überspülen). In der Zwischenzeit legt man zwei bis drei Tomaten in kochendes Wasser und häutet sie. In einer Pfanne zerlässt man einen Esslöffel Salzbutter, gibt zwei Schalotten und eine Knoblauchzehe dazu und lässt alles etwas anbräunen. Bohnen und geachtelte Tomaten zugeben, einen Esslöffel Crème fraîche dazu, ein paar Minuten köcheln lassen, fertig.